Papo de café
Conversando sobre relações internacionais

Gilberto M. A. Rodrigues

Professor do Bacharelado em Relações Internacionais e da Pós-Graduação em Ciências Humanas e Sociais da Universidade Federal do ABC (UFABC). Bolsista Produtividade em Pesquisa do CNPq. Pós-doutor em Direitos Humanos pela Universidade de Notre Dame (EUA) e doutor em Relações Internacionais pela PUC-SP. Autor do livro *Organizações Internacionais*, também pela editora Moderna.

1ª edição
2016

© GILBERTO M. A. RODRIGUES, 2016

COORDENAÇÃO EDITORIAL Lisabeth Bansi
EDIÇÃO DE TEXTO Patrícia Capano Sanchez
PREPARAÇÃO DE TEXTO José Carlos de Castro
COORDENAÇÃO DE EDIÇÃO DE ARTE Camila Fiorenza
ILUSTRAÇÕES DE CAPA E MIOLO Eber Evangelista
DIAGRAMAÇÃO Isabela Jordani
COORDENÇÃO DE ICONOGRAFIA Luciano Baneza Gabarron
PESQUISA ICONOGRÁFICA Cristina Mota
COORDENAÇÃO DE REVISÃO Elaine Cristina del Nero
REVISÃO Maristela S. Carrasco
COORDENAÇÃO DE *BUREAU* Américo Jesus
TRATAMENTO DE IMAGENS Denise Feitoza Maciel
PRÉ-IMPRESSÃO Helio P. de Souza Filho
COORDENAÇÃO DE PRODUÇÃO INDUSTRIAL Andrea Quintas dos Santos
IMPRESSÃO E ACABAMENTO A. R. Fernandez
LOTES 205615/205616

Dados Internacionais de Catalogação na Publicação (CIP)
(Câmara Brasileira do Livro, SP, Brasil)

Rodrigues, Gilberto M. A.
Papo de café: conversando sobre relações internacionais / Gilberto M. A. Rodrigues. – 1. ed. – São Paulo: Moderna, 2016. – (Coleção polêmica)

ISBN 978-85-16-10245-6

1. Geopolítica 2. Relações internacionais I. Título. II. Série.

15-11259   CDD-327

Índice para catálogo sistemático:
1. Relações internacionais 327

Reprodução proibida. Art.184 do Código Penal e Lei 9.610 de 19 de fevereiro de 1998.

Todos os direitos reservados

EDITORA MODERNA LTDA.
Rua Padre Adelino, 758 - Belenzinho
São Paulo - SP - Brasil - CEP 03303-904
Vendas e Atendimento: Tel. (11) 2790-1300
www.modernaliteratura.com.br
2016

Impresso no Brasil

À memória do querido amigo Claudio José dos Santos, educador que acolheu, incentivou, apoiou e abriu portas para dezenas de professores e milhares de alunos ao longo de sua generosa e encantada vida.

Agradecimentos

Os artigos aqui reunidos foram publicados, originalmente, em minha coluna Análise Internacional, do Jornal A Tribuna de Santos. *Em nome de Arminda Augusto, editora-executiva, agradeço a todos os editores e jornalistas do jornal que atuaram na edição de meus artigos ao longo dos anos. E um agradecimento especial para Giselda Braz, ex-editora de "Mundo". Agradeço também, e principalmente, a dois leitores especiais, Helenice e Walter, e a todos os que frequentam meus "papos de café".*

Sumário

Introdução
América Latina **12**
    O padroeiro dos narcos 14
    Paraguai: um desconhecido 15
    O Haiti, aqui 16
    Malvinas ou Falklands? 17
    Liderança em berço esplêndido 19
    De libertador a caudilho 20
    Disposição final – A ditadura argentina 22
    Ignácio ou Guido? 22
    Os EUA e o golpe de 1964 23
    A América Latina de García Márquez 24

África **26**
    Somália, um "quase país" 28
    Sudão do Sul: nasce um país 29
    União Africana 30
    Mandela 31
    Meninas nigerianas 32
    Muros e patrulhas no norte da África 33

Oriente Médio e países árabes 36
Kadafi, *causa mortis* 38
Exércitos terceirizados 39
Argélia e Mali 40
Primavera sem fim 42
Um mártir de Palmira 43
Anões e gigantes – Uma questão com Israel 44
Inesperado acordo – EUA e Irã 46

Ásia 48
Vitória em Myanmar 50
Um Nobel pelas crianças 50
Pena de morte e fuzilamento na Indonésia 52
Nepal às escuras 53
Humores da China 54

EUA 56
"Ocupem Wall Street" 58
Coringas 59
Drones 60

A lupa e as mídias sociais 61
O caso Ferguson...62
Obama e Castro...63

Europa **66**
Saudades da Europa 68
Das galerias de Londres 69
Não devolução de refugiados 70
Democracia *à la carte*..71
Corações, mentes e geopolítica...72
O portal de Le Goff 74
Cem anos depois 74
Paris com Charlie, Paris pós-Bataclan 75
Família irlandesa...77

A ONU e suas agendas **78**
Angelina Jolie e as Nações Unidas 80
O ditador virá para o jantar 81
Sérgio Vieira, salvador do mundo...81

"*Primus inter pares*" em Genebra..83
Você é sustentável? 84
Um Nobel contra as armas químicas 85

Ciência, tecnologia & política 86

Vida e morte no espaço...88
Neil Armstrong 89
Curiosidade espacial 90
Uma guerra pela livre informação 91
Salvando baleias 92
Relações (inter)virtuais..93
Não há planeta B..94

Esporte e relações internacionais 96

Olimpíadas e poder..98
Ouro para o véu...99
Paralimpíadas..99
Morte em Oruro 101
Hamlet, Diego e a Copa...102
A arte de sair de campo...103

Introdução

Poucos são os acadêmicos e pesquisadores que se dedicam sistematicamente a comentar assuntos internacionais na mídia. Na grande imprensa, a área internacional é a que menos recebe atenção. Isso vai de encontro à nova realidade do Brasil no mundo, um país que nas duas últimas décadas conquistou papel de destaque em praticamente todos os temas internacionais. Essa carência dificulta a vida de professores e alunos dos Ensinos Fundamental e Médio, que, cada vez mais, necessitam estudar e pesquisar temas internacionais para além dos livros didáticos.

Há cerca de vinte anos, venho colaborando como colunista em assuntos internacionais no jornal A Tribuna de Santos, e, desde 2011, passei a assinar o *blog* Análise Internacional, do mesmo jornal (http://blogs.atribuna.com.br/analiseinternacional/). Esse jornal é um dos mais antigos em atividade no país (fundado em 1894) e cobre a região metropolitana da Baixada Santista, no estado de São Paulo.

Não existe uma fórmula para comentar semanalmente assuntos internacionais, mas a pesquisa e a leitura sobre os temas – sendo eu professor e pesquisador de Relações Internacionais –, além da prática cotidiana da escrita, vão moldando a identidade do texto e criando um método de seleção sobre os temas da coluna. Há, pelo menos, duas características essenciais numa análise sobre temas internacionais para o grande público: ela deve ser didática e estimular a reflexão. Como fazê-lo em poucas linhas?

Os textos evocam um "papo de café": muitas vezes, conversei, informalmente, sobre relações internacionais com alunos, colegas professores, amigos e familiares tomando um café, na rua ou na universidade. É muito comum que isso aconteça. O tempo da conversa é o mesmo do café – alguns minutos. Nesse período, é preciso sintetizar os assuntos, opinar criticamente, ser claro e criar um fecho para se despedir.

Esse é o espírito dos textos aqui reunidos, uma seleção desses papos publicados no período de 2011 a 2015, adaptados e atualizados para este livro. São papos de café organizados a partir das regiões que costumamos identificar no mundo: América Latina, África, Oriente Médio e países árabes, Ásia, EUA e Europa.

Além deles, incluí três tópicos, cujo interesse vem aumentando muito nos cafés: A ONU e suas agendas, ciência, tecnologia & política e esporte e relações internacionais.

Em muitos desses papos de café, tive reações, recebi comentários, sugestões e críticas, pessoalmente ou por meio de comentários no *blog*, no Facebook e no Linkedin, de leitores, conhecidos e desconhecidos, esporádicos e assíduos, que muito me ajudaram a refletir e a repensar sobre os textos. A todos os leitores agradeço imensamente pela leitura atenta e generosa dessas colunas – que alimentam o sal da vida deste professor.

Espero que este livro possa ser útil na sala de aula, no sofá de casa e... nos cafés!

América Latina

O padroeiro dos narcos

Seu nome é Jesus Malverde. Diz a lenda que ele nasceu em Sinaloa, México, em 1870, e teria sido enforcado naquele país, em 1909. Conhecido como bandido milagroso, Malverde tornou-se o padroeiro dos narcotraficantes. Isso mesmo. Um candidato a santo da fé popular, defensor daqueles que se dedicam ao tráfico de drogas.

Consta que a veneração ao padroeiro dos narcos tem se expandido e que ele já dispõe de três capelas: a primeira em Culiacán (México) e as outras em Cali (Colômbia) e em Los Angeles, Califórnia (EUA). Trata-se de um fenômeno que merece ser conhecido e, quem sabe, compreendido em suas dimensões sociológica, antropológica, psicossocial e religiosa.

A veneração a esse padroeiro, que tem o nome do Messias dos cristãos, indica com grande força e enorme desassossego a realidade que se espraia e se impõe na América Latina e no Caribe, e também nos EUA: o crime organizado se fortalece, penetra as mentes, os corações e, com o padroeiro Malverde, as almas. Mais adorado a cada dia, Malverde ganha espaço no contexto de uma guerra declarada em alguns países contra o narcotráfico no mundo.

Primeiro os EUA declararam guerra; a Colômbia o fez em seguida; e, recentemente, o México. Em nenhum deles os narcos foram derrotados. Feito medusa, esses tremendos fora da lei parecem se fortalecer cada dia mais, pois a demanda por drogas não cai e as autoridades se veem expostas a toda sorte de armadilhas, das emboscadas e atentados frontais à corrupção de seus quadros.

No caso mexicano, o malogro da guerra ao narcotráfico reflete uma situação de absoluta impotência do Estado frente a um fenômeno que depende de soluções globais, mas, principalmente, da mudança de atitude do maior consumidor do planeta, os EUA, por cuja fronteira com o México entra o grosso das drogas ilícitas. A brutalidade das matanças no México, gerada pela disputa entre os cartéis e entre estes e as forças armadas do país, com seus teatros de barbárie comparáveis às guerras medievais, supera de longe a violência mafiosa de um Dom Corleone – o Poderoso Chefão, na Chicago dos anos 1930. Em luta pela sobrevivência, diante de um Estado em guerra total, não é de se admirar que os narcos e seus familiares dediquem sua fé a um padroeiro que os proteja e perdoe. ◄

Usina Hidrelétrica de Itaipú, instalada no Rio Paraná, na fronteira entre Brasil (Foz do Iguaçu) e Paraguai (Hernandarias).

Paraguai: um desconhecido

O Paraguai é um desconhecido entre os brasileiros. A ignorância sobre o país é agravada pela imagem que dele se criou a respeito do contrabando e da pirataria de produtos oriundos de Ciudad del Este. Sacoleiros que vão, sacoleiros que vêm confirmam a ideia do "país da moamba" para o pouco que se sabe sobre o outro lado da fronteira. O paupérrimo conhecimento brasileiro da realidade paraguaia termina aí.

Em 2011, o país votou o referendo que autorizou os paraguaios residentes no exterior a votar nas eleições. Esse foi um passo importante para incorporar mais de 1 milhão de pessoas (a população paraguaia é de 7 milhões) que vivem sobretudo na Espanha e nos EUA. Democracia jovem, ainda cambaleante, tendo em vista décadas de ditadura ferrenha de Alfredo Stroessner (de 1954 a 1988), que deixaram muitas sequelas no sistema político, o Paraguai apenas começa a afirmar uma soberania perdida no longínquo século 19.

Ao mesmo tempo que o país buscava ampliar a cidadania, o Congresso paraguaio aprovou um estado de exceção para vigorar em dois departamentos do norte – os mais pobres e os despovoados –, para que o governo pudesse adotar medidas duras contra um movimento chamado Exército Popular Paraguaio. Esse grupo tem realizado ataques e há muita especulação sobre sua origem e seus propósitos. Há quem afirme que seria uma guerrilha financiada e apoiada pelas FARC (Forças Armadas Revolucionárias da Colômbia) e pelo crime organizado transnacional. Fernando Lugo, primeiro presidente de esquerda do país, foi contra o estado de exceção, mas acabou sendo deposto por um processo de *impeachment*, muito criticado pelo Mercosul, pela falta de amplo direito de sua defesa.

Essas questões são desconhecidas dos brasileiros e pouco retratadas em nossos jornais. Talvez o mais grave esteja nos livros de história. O Paraguai é o que é hoje, pobre e subdesenvolvido, porque no século 19 houve uma guerra, a conhecida e estudada Guerra do Paraguai (1864-1870), entre este e a chamada Tríplice Aliança, formada por Argentina, Brasil e Uruguai, que dizimou aquele país – com o apoio e a pressão da Inglaterra, que não desejava a emergência de uma potência sul-americana fora de sua zona de influência. Se o marechal Francisco Solano López, paraguaio, começou a guerra, os países aliados a finalizaram, com requintes de crueldade. Essa é uma sequela permanente, e ainda não se ouviu um pedido de perdão pelo genocídio que se cometeu.

Quando o Brasil renegocia o Tratado de Itaipu com o Paraguai, em termos mais benéficos para este, isso é parte de uma dívida histórica que o Estado brasileiro acumulou ao longo de mais de um século com aquele país.

Se soubéssemos mais e melhor sobre a realidade sofrida pelo povo paraguaio, sobre os mortos, torturados, e a omissão histórica das autoridades brasileiras, estaríamos mais abertos a concordar com o apoio e a mão estendida do Brasil para com a terra e o povo paraguaios. ◄

O Haiti, aqui

Em janeiro de 2010, um vasto terremoto destruiu parcialmente um país. Digo parcialmente porque o Haiti já vinha com dificuldades de toda sorte, que impediam a maioria de seus habitantes de viver com um mínimo de dignidade. Com o terremoto, o pouco do que estava em pé ruiu, aniquilando o que restava de esperança para um povo que não sabe o que são serviços básicos nem conhece o sentido de cidadania.

Esse cataclismo interrompeu o curso da construção do país, amparada e fomentada pela Missão de Estabilização de Paz da ONU (Minustah), criada em 2004, e pela ajuda de organizações internacionais, de governos estrangeiros e de ONGs humanitárias ao longo de uma década. Passados os efeitos diretos do sismo, seus reflexos se projetaram para além da ilha caribenha e atingiram outros países, pela via migratória.

Não é novidade que haitianos tentem abandonar sua terra natal em busca de melhores oportunidades ou de refúgio por conta de perseguições de natureza diversa. A novidade é que agora, em vez de se dirigirem apenas para os EUA, Canadá (onde uma haitiana chegou ao posto de governadora-geral, representante da Commonwelth Britânica), e Europa, centenas de haitianos vêm se arriscando para chegar ao Brasil.

O contexto em que essa nova onda migratória se desenvolve é de grande interesse internacional, tanto pela mudança de destino (migração Sul-Sul em vez de Sul-Norte) quanto pela resposta que o Estado brasileiro tem dado aos pedidos de residência aos haitianos que vêm ingressando pela fronteira boliviana, via Basileia, no Acre.

A princípio, os haitianos solicitaram refúgio com base no Direito Internacional dos Refugiados e na lei brasileira, tida como exemplar pela ONU. O Conselho Nacional para Refugiados (Conare) definiu que o motivo apresentado – deslocamento por desastre natural – não se enquadra nas hipóteses de perseguição que o Direito Internacional e a lei preveem. Daí o próprio Conare remeter o caso para o Conselho Nacional de Imigração (Conig), para que avaliasse uma saída legal. Numa decisão inédita, o Conig concedeu visto humanitário de residência aos haitianos, não apenas os acolhendo legalmente, mas também abrindo o urgente debate internacional sobre o drama dos deslocados ambientais, ou seja, por desastre natural, que aflige, mais e mais, vastas populações no planeta. Hoje, milhares de haitianos se integram no país e trabalham em diferentes áreas, como na construção civil. ◄

Malvinas ou Falklands?

Aula de geografia. A professora mostra o mapa da América do Sul para os alunos. Ao falar sobre a Argentina, comenta que existe um arquipélago em disputa entre esse país e o Reino Unido. Como deveríamos chamar essas ilhas: Malvinas ou Falklands? A resposta a essa questão indicará a preferência não apenas da professora, mas também de todos os que se manifestarem sobre o tema.

Em 2012, celebraram-se 30 anos da Guerra das Malvinas/Falklands. Uma guerra que a ditadura argentina perdeu para o governo conservador britânico de Margareth Thatcher, a Dama de Ferro. Para os argentinos, um capítulo triste e vergonhoso de

América Latina

Ilhas Malvinas/Falkland, localizadas na costa da Argentina, Atlântico Sul, objeto de disputa entre Argentina e Reino Unido.

sua história. Para os britânicos, ao som de *We are the champions, my friend* (Nós somos os vencedores, meu amigo), do Queen, um momento de afirmação de sua soberania sobre as ilhas e de seu poderio militar, em plena Guerra Fria, quando esta ainda vigorava.

Passadas mais de três décadas, a Argentina segue reivindicando com barulho a soberania sobre as Ilhas Malvinas (*Las Malvinas son Argentinas*) e os britânicos continuam fleumáticos e impassíveis nas Ilhas Falklands. Porém, fatos novos entram em cena e estão alterando o equilíbrio de forças políticas e diplomáticas nesse embate. Os países da União das Nações Sul-Americanas (Unasul), sob a liderança do Brasil, não querem que nenhum país de fora da região faça exercícios militares no Atlântico Sul. O Reino Unido não apenas teima em manter suas naves bélicas, como também anunciou que vai explorar petróleo no território marítimo das ilhas.

Em razão disso, a Unasul passou a declarar apoio à Argentina em seu pleito. Mais: Argentina e Uruguai proibiram qualquer empresa que explore petróleo nas Malvinas de utilizar seus portos e de atuar no país. Já os habitantes das ilhas preferem ficar com os britânicos e reagem indignados à política de Buenos Aires (ver www.falkland.gov.fk), mas a Casa Rosada afirma que todos nas ilhas são manipulados pela Corte de St. James.

Não há dúvida de que está em curso a maior estratégia de defesa coletiva contra a soberania britânica sobre as Malvinas/Falklands até hoje vista. Por enquanto, Malvinas/Falklands é a dupla expressão dos mapas isentos. ◄

Liderança em berço esplêndido

Quando alguém se levanta numa reunião – seja no condomínio, na empresa ou na universidade – e sugere algo novo ou mudança, espera-se que esse alguém assuma uma posição permanente, participe de uma comissão e, talvez, lidere essa iniciativa. Com os países ocorre da mesma forma. E, quando o país é uma potência – ou aspira ser –, a expectativa de liderança é algo natural.

Assim está o Brasil hoje: propondo mudanças no cenário internacional. Mudanças que visam democratizar o acesso a bens públicos internacionais. Mudança no exercício do poder internacional. Mas o proponente deve assumir uma responsabilidade, que é liderar, coordenar, conduzir ou contribuir para o avanço da mudança. É aí que reside o problema: o Brasil tem dificuldade em assumir a liderança.

Se houvesse um psicanalista de países – os analistas internacionais assumem um pouco essa função delicada –, ele poderia sugerir que o Brasil está dando um passo além de suas capacidades ou possibilidades. Ou não quer magoar ou criar conflito com alguém, talvez um vizinho. Ousar não é ruim. Mas ousar sem estar preparado pode ser fatal para a credibilidade que se espera de um país que é chamado hoje de *global player* (jogador global) e *emerging power* (potência emergente).

Em evento realizado na Munk School of Global Affairs, na Universidade de Toronto, no Canadá, eu me reuni com especialistas para debater o novo papel do Brasil na liderança de um importante tema – a Responsabilidade ao proteger (*Responsibility while protecting* – RwP, em inglês). Trata-se de uma nova abordagem de como prevenir e coibir atrocidades contra civis, proposta pela diplomacia brasileira, na ONU. A comunidade internacional, incluindo todas as grandes potências, acolheu essa iniciativa com grande entusiasmo. Mas de lá para cá, não houve mais progressos. O Itamaraty afirma que propôs apenas para contribuir, e espera que outros avancem... Mas onde está a liderança?

Para que a diplomacia brasileira possa corresponder à liderança internacional, exercendo papéis difíceis que sua nova condição de potência pede, é premente realizar parcerias com o setor privado, as empresas, a sociedade civil, as universidades e ONGs. Somente essas parcerias, que devem ser institucionalizadas, podem dar substância e elementos para que a diplomacia atue com eficácia, em nome do interesse nacional. Sem essas parcerias, as propostas ficarão sempre esperando a liderança se levantar do berço esplêndido. ◂

De libertador a caudilho

A figura de Hugo Chávez marcou a cena internacional na última década. Chamá-lo apenas de caudilho (líder que se vale do seu carisma para exercer o poder de forma muito centralizada ou não democrática) seria reducionismo; mirá-lo somente como libertador seria exagero. Complexo, como todas as personagens revolucionárias, Chávez não pode ser classificado sob padrões tradicionais, nem políticos, nem acadêmicos. Sua estatura ultrapassou os umbrais da regularidade: a Venezuela e a América Latina não serão mais as mesmas depois de sua partida.

Sua liderança extrapolou Caracas e se espraiou pela América

© Carlos Garcia Rawlins/Reuters/Latinstock

Latina e pelo Caribe. Sua capacidade de polarização foi diretamente proporcional a seu carisma. Seu projeto de poder – a Revolução Bolivariana – mesclou a inspiração de Simón Bolívar, o Libertador, com a ideia-força do anti-imperialismo, encarnado em Cuba. O chamado Socialismo do século 21, de difícil definição, logrou mudar a Venezuela com amplas políticas de redução da pobreza e de inclusão socioeconômica. Ao mesmo tempo, atacou garantias fundamentais democráticas, como direito à propriedade, à liberdade de expressão, à independência do Poder Judiciário.

Cada leitor que se deparar com essas linhas terá uma opinião formada sobre Chávez, a favor ou contra. Algo a ser lembrado na construção da persona do presidente Chávez é que suas posições foram muito beneficiadas pelos EUA de George W. Bush, que tentou apeá-lo do poder à força; pelas elites venezuelanas, cujo paradigma nunca foi construir uma nação, mas ter uma casa em Miami; por um contexto econômico favorável, pelas altas do preço do petróleo, manancial de recursos que Chávez soube usar de forma inteligente para tecer uma nova política internacional, com a PetroCaribe e com a Aliança Bolivariana das Américas (Alba), iniciativas que transformaram a Venezuela no epicentro de um novo polo de poder regional.

Seu apetite pelo poder – típico dos caudilhos – o levou a realizar manobras para mudar a Constituição e para reeleger-se, conquistando o posto do líder mais antigo no poder – 14 anos (1998 a 2012). Foi somente com Henrique Capriles – adversário derrotado por Chávez na eleição de 2012 – que a oposição começou a vislumbrar alguma chance de recuperar espaço político.

Os dados econômicos do chavismo surpreendem – cerca de 20% de redução da pobreza, um dos melhores índices Gini (que mede o nível de desigualdade socioeconômica) da América Latina, provando que o líder estava do lado dos pobres, por isso o veneram. Ao não conviver bem com a democracia política, perseguir jornalistas e juízes, o presidente provou também que não operava na lógica democrática. Pelas grandes e transcendentes mudanças e conflitos que gerou, Chávez poderia ser igualado a Juan Domingo Perón, na Argentina, e a Getúlio Vargas, no Brasil. A dificuldade de seu sucessor, Nicolás Maduro, em lidar com os conflitos políticos internos e a crise econômica – agravada pela queda dos preços do petróleo (principal receita do PIB venezuelano) – agravam a crise no país e colocam em xeque o legado de Chávez, tão ferozmente disputado. ◄

Disposição final – A ditadura argentina

Jorge Videla, presidente da Argentina entre 1976 e 1981, período conhecido como "guerra suja", morreu na prisão aos 87 anos. Passados mais de trinta anos do fim da ditadura argentina, a memória daquele período segue transtornando a sociedade daquele país. Condenado por crimes contra a humanidade, Videla se manteve calado e recolhido por muitos anos, até conceder uma série de entrevistas ao jornalista Ceferino Reato, publicada no livro *Disposición final. La confesión de Videla sobre los desaparecidos*, em 2012.

Ali, o general explica, sem arrependimento e com convicção cristã, como o regime decidiu enfrentar a ameaça terrorista que punha em perigo a ordem do país. Disposição Final (DF) foi a expressão adotada para dar cabo dos suspeitos detidos pelas forças de segurança. Na linguagem militar, DF significa retirar do serviço uma coisa que já não tem mais utilidade. Segundo Videla, os guerrilheiros não podiam ser soltos nem fuzilados, pois eram muitos, centenas, milhares, e o regime tinha que impedir que continuassem atuando. Daí a decisão de fazê-los desaparecer.

O ex-ditador nunca recusou ou refutou a desaparição forçada dos milhares de argentinos, vítimas da guerra suja. Sua defesa era em torno de números: dizia que foram no máximo 8.700 desaparecidos, contra os 30 mil desaparecidos do inventário feito pelas organizações de Direitos Humanos. Para realizar as torturas prévias à Disposição Final, foram utilizadas unidades militares localizadas no próprio meio urbano, como demonstrou o pesquisador e delegado da Polícia Civil de São Paulo, Marcos Guedes da Costa, em tese de doutorado defendida no Prolam/USP, em 2011.

Na Argentina, as leis de anistia (*Punto Final e Obediencia Debida*) foram derrubadas tanto pela Justiça quanto pelo Congresso Nacional. Por isso, Videla e outros militares foram condenados e presos. Embora cada país tenha o seu contexto, os seus consensos, e daí venham as respostas, o fato é que a busca pela verdade e o combate à impunidade contra crimes considerados imprescritíveis transformaram a Argentina num caso relevante: para romper barreiras que ainda travam muitos países a conhecer os fatos da ditadura e a julgar e condenar seus algozes. ◄

Ignácio ou Guido?

Agosto de 2014. A Argentina parou de respirar para acompanhar o desfecho de uma saga. Aos 83 anos, Estela de Carlotto, presidente do movimento das Avós da Praça de Maio, reencontrou seu neto desaparecido, após 36 anos de incessante busca. Esse episódio é um inusitado final feliz de uma dramática história coletiva.

Ignácio – cujo nome de família biológica é Guido – foi uma das centenas de crianças, cujos pais foram mortos pela ditadura, entregues a uma família desconhecida para adoção. Essa abominável prática da "guerra suja" argentina ainda hoje produz comoção no país e no exterior. A Justiça argentina é competente para, num procedimento penal de um crime imprescritível, obrigar suspeitos de serem filhos de mortos de realizar o exame de DNA para comparar com o DNA das prováveis famílias biológicas. Na maioria dos casos, a aparência física entre netos e avós facilita a investigação judicial. A privacidade é um direito da pessoa que se submete ao exame e tem confirmada sua condição de filho ou filha de um desaparecido político.

Muitas famílias que adotaram as crianças não sabiam nem suspeitavam que elas fossem filhas de mortos pelo regime. O filme *A História Oficial*, de Luís Puenzo, ganhador do Oscar de Melhor filme em língua estrangeira (1985), narra o drama da sociedade argentina ao se deparar com o tema do paradeiro dos filhos de desaparecidos adotados por outras famílias, também desconhecidas. Ignácio não tinha como manter sua privacidade, já que sua avó é uma liderança do movimento que luta há quatro décadas por essa causa. Em sua primeira aparição pública, incentivou outros semelhantes a ele a enfrentar a verdade. É o encontro de dois mundos separados por sombras.

Guido diz que prefere continuar sendo Ignácio, o que faz todo sentido. Guido é muito mais parte da história dos outros do que dele mesmo. Tanto quanto os demais que se descobriram vítimas desse terrível crime, ele passa a ter duas famílias e duas histórias habitando uma só consciência. ◄

Os EUA e o golpe de 1964

No primeiro dia em que a Casa Branca começou a gravar as conversas do presidente John Kennedy, em julho de 1962, foi registrado um encontro entre ele e o embaixador americano no Brasil, Lincoln Gordon. Nela, Gordon relatou ao presidente que o comunismo avançava no Brasil; Gordon também pediu recursos para financiar candidatos opositores no Brasil e um novo adido militar para a embaixada. O golpe contra Jango era gestado em Washington, seguindo a lógica polarizada da Guerra Fria.

Essa lógica de impedir a qualquer preço o chamado "avanço do comunismo" na América Latina e no Caribe já havia derrubado um presidente na Guatemala, mas não havia evitado que a queda do ditador cubano Fulgêncio Batista abrisse caminho para os guerrilheiros de Sierra Maestra tomarem o poder naquele país. Agora, a Havana de Castro e de Guevara tornara-se o epicentro do sonho possível das revoluções socialistas no continente. Sem poder impedir que o regime comunista se instalasse na ilha, e obrigado a fazer um acordo com a URSS de não agressão a Cuba, para resolver pacificamente a Crise dos Mísseis, em 1962, Kennedy e seus sucessores abraçaram a tese de que nenhum país latino-americano e caribenho poderia entrar na órbita soviética, como se os países fossem planetas sujeitos a dois sóis, um americano, outro soviético.

É importante recordar esses fatos, no momento em que foram celebrados os 50 anos do golpe militar no Brasil, em 2014. A Guerra Fria acabou, EUA e Cuba reataram suas relações diplomáticas em 2015 – apesar de o embargo econômico americano ainda ser mantido – e Cuba exerce forte influência sobre o imaginário de governos na região. Há cerca de 15 anos os EUA apoiaram um golpe frustrado na Venezuela, contra Hugo Chávez, e alimentaram a sensação de que o discurso democrático vale apenas para os aliados.

No Brasil, a Operação Brother Sam pretendia dar apoio logístico para os golpistas; navios americanos se deslocaram para o porto de Santos, uma das cidades mais agitadas pelo movimento sindical. O golpe aconteceu, não houve resistência, Jango se foi e o regime civil-militar assumiu o poder com apoio da população, assustada pela confusão que se instalara. Os americanos não intervieram diretamente, mas estavam prontos para isso. A intervenção posterior se deu no apoio à repressão, que gerou tortura, morte, desaparecimentos forçados e exílio. Esse meio século parece estar longe, o mundo é outro, mas 1964 ainda ecoa na vida e na memória dos brasileiros e nas relações do Brasil e da América Latina com os EUA. ◄

A América Latina de García Márquez

Gabriel García Márquez, escritor colombiano, autor de *Cem anos de solidão* e *O amor no tempo do cólera*, entre outras obras, ajudou a consolidar a ideia difusa da América Latina. Sua literatura transcendeu fronteiras nacionais, a sua própria, colombiana, ainda que suas personagens estivessem bem ligadas

Papo de café: conversando sobre relações internacionais

a seu universo pátrio. Retratando personagens e situações, García Márquez tornou-se referência de uma corrente literária conhecida como "realismo mágico". Porém, dizia ele, nada do que retratava era fictício, tudo era real.

Como jornalista profissional, sua fidelidade com os fatos impregnava sua narrativa de um realismo típico de repórter. Mas, como se sabe, os fatos não falam por si mesmos. Não há texto, não há imagem que não traga a marca da criação, do viés sutil, que seja. O "mágico" ganhava forma nessa maneira de enxergar e dar voz a pessoas e situações surreais, embora tão próximas, embora tão carnais.

Em seu discurso à Academia Sueca, ao receber o Prêmio Nobel de Literatura, em dezembro de 1982, Gabo, como era chamado carinhosamente, sintetizou um continente e sua identidade. Nele, a América Latina, a Pátria Grande, foi narrada com dor, com prazer, com esperança. Esse texto, curto e instigante, mantém-se extraordinariamente atual por seus alertas sobre as relações entre os hemisférios Norte e Sul. Disse Gabo: "A interpretação de nossa realidade com esquemas distantes de nós apenas contribui para nos fazer cada vez mais desconhecidos, cada vez menos livres, cada vez mais solitários".

O Nobel a García Márquez, naquele ano, ajudou a resgatar a América Latina da solidão das atrocidades cometidas pelo autoritarismo, quando o exílio converteu-se em nação dispersa de milhões de latino-americanos – os que escaparam das garras policialescas e das teias torturantes. Essa ideia de um continente irmanado nas origens e emaranhado em idiossincrasias gêmeas; essa ideia de um passado e futuro comuns se aninham nas letras e nos parágrafos de quem, ao escrever, parecia querer acalentar e dar companhia a um povo real e imaginário, que se debate e repousa em sua solidão. ◄

África

Somália, um "quase país"

Alguém se lembra da Somália? No Brasil, ela é conhecida por seus exímios maratonistas, implacáveis corredores de provas de fundo. Tal imagem popular contrasta com a falta de fôlego, a escassez de oxigênio de uma nação castigada pelos conflitos armados, pelas intervenções humanitárias malsucedidas, pela miséria e pela fragmentação do território ocupado por milícias, gangues e piratas.

A Somália, país do continente africano, com mais de 9 milhões de habitantes, é, hoje, o fiel retrato de um "quase país", devastado por guerras civis e pela fome. Foi sob sua inspiração que internacionalistas americanos inventaram a ideia de "Estado falido", conceito que esteve na moda durante os anos 1990, mas pouco ajudou a explicar a situação, por desconsiderar que a Somália nunca chegou a ser um Estado nacional. Sua vida como país é fictícia: trata-se de um território assaltado por toda sorte de interesses internos e estrangeiros, que obstam o seu existir. Disputada no passado pela Grã-Bretanha, Itália e Egito, tornou-se independente em 1960.

Em 2011, na tentativa de avivar um governo de transição somali, a ONU (Organização das Nações Unidas) e o governo de Uganda mediaram um acordo para selar a concórdia entre as várias facções políticas e permitir, assim, pacificar espaços. O ajuste implicou um acordo político e incluiu a demissão do primeiro-ministro somali, Abdullahi Mohamed, um dos mais populares governantes das últimas décadas. Essa solução, em vez de gerar tranquilidade, trouxe o caos para o que existe de país no território. A população foi, então, às ruas exigir a permanência do primeiro-ministro; os protestos ganharam dimensão pela adesão massiva de soldados somalis, cuja admiração pelo demissionário chefe de governo se devia aos salários pagos em dia – fato único na história do "quase país".

Tropas de uma missão de paz conjunta – União Africana e ONU – tentam, desde então, recuperar o país, a partir de um dos únicos redutos controlados, a região de Mogadíscio, capital da Somália.

Abandonada à própria sorte, após a malfadada intervenção internacional, com a bênção do Conselho de Segurança, em 1992, a Somália se transformou depois em "Estado podre", segundo o novo (e ainda equivocado) conceito, por ser cada vez mais habitado por terroristas, piratas e criminosos de variado calibre. Daí, novamente, a comunidade internacional voltar-se a esse território para evitar que se transforme em base avançada da Al Qaeda e, mais recentemente, do Estado Islâmico (EI) – um grupo fundamentalista que se formou a partir do caos dos conflitos no Iraque e na Síria.

Não à toa, esse "quase país" produz "quase pessoas"; para muitas não resta outra alternativa a não ser pedir refúgio em outros países. Talvez a história de Jack Sparrow, protagonista do filme *Piratas do Caribe*, ajude a responder por que os piratas preferem a Somália. ◄

Sudão do Sul: nasce um país

Para mostrar que o mundo é dinâmico, que as fronteiras não são estáticas e o sentimento de nacionalidade continua vivo, o Sudão do Sul proclamou sua independência do Sudão. Assim, nasce o 54º país africano e o 193º membro da ONU. Mamma África deu à luz mais um filho, cheio de potencialidades, prenhe de riquezas, porém desnutrido, esquálido e conturbado por conflitos étnicos, tribais e religiosos.

Fruto de um acordo de paz firmado em 2005 com o governo do Sudão, a região do Sudão do Sul votou massivamente no referendo de janeiro de 2011, cujo desfecho foi o "sim" para a separação que acabava de se materializar. A disputa dos sudaneses do sul com seus antigos compatriotas do norte reacende o mítico conflito entre Ocidente e Oriente: no sul, cristãos; ao norte, islâmicos. Não é à toa que o Sudão do Sul recebeu apoio firme e forte do mundo ocidental para sua causa. Por razões distintas, totalmente pragmáticas, a China também apoiou o Sudão do Sul. Rico em jazidas de petróleo, esse novo país já é visto pelos chineses como seu entreposto energético da próxima década. Mas para que essa visão profética se confirme, será necessário evitar que os barris de petróleo se transformem em barricadas de guerrilhas, pela disputa fratricida que emana daquele ambiente cálido da savana.

Da capital Juba, o governo tem ingentes desafios a superar: encravado no continente, sem saída para o mar, o país depende de acordo com os vizinhos – Etiópia, Somália e Quênia – para poder acessar um porto e construir o necessário oleoduto, que o viabilizará economicamente. O problema é que esses vizinhos estão longe de ter uma estabilidade à moda suíça, essencial para se ter qualquer duto em segurança.

Viciado em combustíveis fósseis, o mercado global tem deixado em segundo plano, ou mesmo ignorado, o fato de o Sudão do Sul nascer com exuberante capa florestal úmida, rica em biodiversidade, e ser atravessado pelo rio Nilo, uma das mais importantes fontes de água doce do planeta. Motivos a mais que tornam o Sudão do Sul um potencial novo centro da geopolítica global. ◂

União Africana

A União Africana (UA) celebrou 50 anos de existência, em 2013. Organização que reúne 54 países africanos, é a maior entidade governamental entre Estados de uma região. Começou como Organização da Unidade Africana (OUA), em 1963, e depois se transformou na atual UA, em 2002.

Com sede em Adis Abeba, capital da Etiópia, ela funciona como elo de diálogo, de afinidades e de valores compartilhados entre os vários países africanos. Por ser a África um continente imenso e diverso, sua singularidade é conter países com baixo grau de desenvolvimento e com pouca permeabilidade para o Ocidente. De fato, a África se mantém num mundo próprio, antropologicamente rico, longe das molduras e governanças que identificam o Ocidente.

Sede da União Africana (UA), em Adis Abeba, capital da Etiópia.

De todas as regiões do planeta, a África é a que mais se vê afetada pelas consequências do processo de descolonização, iniciado nos anos 1950. A fundação da Organização da Unidade Africana refletia a tentativa de organizar o bloco dos países africanos nascentes. Mas, hoje, o continente segue sendo um espaço – senão o principal espaço – das disputas entre as grandes potências e dos interesses econômicos, ávidos por explorar riquezas minerais, energéticas e naturais.

Como pode uma organização internacional se manter com tantas penúrias e carências em seu entorno? Parece um paradoxo. Se nem a OEA (Organização dos Estados Americanos), que tem nos EUA seu maior fiador, dispõe de recursos, que dizer de sua congênere africana. Mas a África não é pobre, ao contrário, é muito rica. E suas elites não são despreparadas, muito ao contrário, são muito cultas e afinadas com os grandes temas do mundo. O grande problema é o abismo entre essas elites, que se perpetuam no poder, amparadas por respaldo militar, e o povo, que permanece submetido e paupérrimo, com poucas chances de participação na política. As poucas vozes que se manifestam, acabam com algum de seus porta-vozes tendo que se retirar do país, como é o caso do escritor camaronês, Celestin Monga, autor do livro *Um banto em Washington* e assessor no Banco Mundial.

O Brasil passou a ser um dos principais parceiros do continente, a partir do governo Lula (2003-2010). Com 37 embaixadas e crescentes interesses econômicos, o nosso país promove a cooperação Sul-Sul em várias frentes: agricultura, saúde, energia... Não à toa, o Brasil foi convidado especial para o jubileu da União Africana. ◄

Mandela

Poucos líderes se tornaram unânimes como Nelson Mandela. A sacralização do ex-presidente sul-africano é completa. Sua perseverança, sua visão, sua generosidade, seu método de reconciliação, tudo passou nos testes mais difíceis que a vida lhe impôs. Ninguém tem dúvida de que a África do Sul de hoje é fruto da genialidade de Mandela.

Esse halo de santo em vida, que recobriu o líder universal mais aclamado em tempos recentes, ofuscou um lado pouco conhecido de Mandela: ele foi um combatente, um guerreiro *antiapartheid*, num período em que o governo africâner dos brancos sul-africanos era um aliado ocidental na Guerra Fria.

Nelson Mandela foi considerado até bem pouco tempo (anos 1990), pelos EUA e pelo Reino

Unido, um terrorista. Isso mesmo, um abominável terrorista fichado e demonizado. Mesmo depois de liberto, após 27 anos de prisão, e de haver alcançado a presidência de seu país, entre 1994 e 1999, Mandela permaneceu na lista terrorista americana. Se hoje as potências ocidentais e todos, todos os políticos, prestam tributo ao homem que simboliza a luta *antiapartheid*, nem todos o apoiaram no passado, nem todos com ele concordaram em sua trajetória hoje incensada.

Quando se analisa a política externa do governo Mandela, vê-se claramente que o líder esteve isolado em vários episódios, contrariando frontalmente posições dos EUA e da União Europeia. Sua longevidade, aliada a sua lucidez, lhe permitiu testemunhar o acerto de muitas de suas posições, hoje aclamadas, mas antes contestadas.

Os anos de prisão fizeram de Mandela um homem tolerante, na visão de Desmond Tutu, o bispo sul-africano, Nobel da Paz, que compartilhou com ele a tarefa de reconciliar o país, que viveu décadas de segregação racial absoluta. Passarelas, pontes, bairros, colégios, clubes, tudo era separado entre brancos e negros. Se um branco quisesse casar com uma negra (sim, isso era previsto!), ele tinha que renunciar a sua condição de branco, e esse direito se prestava a essa ficção conveniente.

Em dezembro de 2013, o mundo pranteou a morte de Nelson Mandela, e desde seu desaparecimento se cultiva vivamente sua memória. Vale destacar que suas convicções muitas vezes contrariaram interesses dos que hoje o chamam de "meu líder". ◄

Meninas nigerianas

Em uma ação realizada em 2014, cerca de 200 meninas foram sequestradas na Nigéria pelo grupo denominado Boko Haram. Organização terrorista, segundo o governo de Lagos, o grupo chocou a opinião pública internacional ao declarar ter vendido garotas para casamentos forçados.

Uma onda de solidariedade foi desencadeada entre países e nas redes sociais. Michele Obama, primeira-dama dos EUA, descendente de nigerianos, substituiu o presidente Obama em seu discurso semanal – ação única na Casa Branca – para criticar o episódio, e criou um *post* – logo viral – com uma foto sua no Facebook e a frase: "Tragam de volta nossas meninas".

Diante da repercussão global e da assumida incapacidade do governo nigeriano de combater as ações do grupo, uma cúpula de chefes de Estado foi realizada em Paris, com a presença dos presidentes da Nigéria, de Camarões, do Níger, de Chad e de Benin. A França, os EUA e o Reino Unido ofereceram os mais variados recursos militares e de inteligência para aqueles países enfrentarem os facínoras, que seriam ligados à Al Qaeda, atuando em vasta área africana.

O presidente de Gana, que na época esteve no Brasil lançando um livro com o sugestivo título *Meu primeiro golpe de Estado*, afirmou, em artigo publicado num grande jornal brasileiro, que não se trata de um atentado contra meninas, apenas, mas que a ação do grupo é mais ampla, também contra meninos. Que é necessário atentar para o problema da miséria e do descaso com a vida das crianças que assola a África.

Sábias as palavras do presidente ganês. O radicalismo islâmico ou ligado a qualquer religião viceja como mato solto em terreno baldio, onde a extrema pobreza reina, e onde a brutalidade de governos autoritários impede a voz e a vida de seus opositores. Fazer desses grupos a causa dos problemas é uma atitude fácil e conveniente nos países desenvolvidos, cujos governos agem como paladinos da justiça internacional. Contribuir com a redução da pobreza e com o genuíno desenvolvimento de países atolados no subdesenvolvimento é tarefa muito mais difícil, para não dizer incômoda.

Passado algum tempo, uma parte das meninas escapou, outras foram libertas. Mais sequestros foram realizados, e o Boko Haram tornou-se uma força militar que desafia o Estado e ameaça outros países africanos. Há um incessante clamor pelo resgate dessas meninas e mulheres feitas reféns. Mas o resgate que falta, das causas que alimentam a caldeira fervente da violência, é uma ação maior, mais densa, que clama por outra solidariedade internacional. ◄

Muros e patrulhas no norte da África

Em preto e branco, como pede a fotografia de momentos épicos,

África

Imigrantes vindos do norte da África, pelo Mediterrâneo, são resgatados por um navio italiano, nas costas da Sicília, em maio de 2015.

imigrantes africanos vão ao mar, em busca de sobrevida. Nessa travessia, o capitão é o primeiro a deixar o barco, temendo a guarda costeira, deixando dezenas ao sabor das vagas do obscuro oceano. No balanço das ondas, corpos caem ao mar, feito lastros clandestinos sem valor.

Em colorido, como pede a diversidade na unidade, chefes de governo europeus se reúnem em Bruxelas, capital da União Europeia, para resolver o problema dessa migração persistente, incômoda, ameaçadora, de desvalidos de um continente convulsionado por guerras, fome, subdesenvolvimento, desesperança e abandono. Em tons difíceis de crer, sem a luminosidade das belas pinturas renascentistas, a Europa pinta sua solução para enfrentar essa percebida ameaça externa.

Então, os europeus decidem: é preciso retomar os moldes da Operação Mare Nostrum, levada a cabo pela Itália há alguns anos, para obstar o transbordo dos vindos do outro lado, do outro mundo, das costas africanas. Há que se impedir que cheguem, pois arribados já não podem ser devolvidos. O Tribunal Europeu de Direitos Humanos, de Estrasburgo, sentenciou: imigrantes não podem ser rechaçados, devem ser acolhidos com toda a liturgia do Direito Internacional.

A estratégia possível, à mão dos europeus – pressionados pela opinião pública e pela crise econômica –, é reforçar muros e aumentar o patrulhamento nos mares e portos de saída. Essa estratégia a muitos conforta e atende. É mais fácil controlar o deslocamento na origem. Os EUA tentaram fazer isso depois do 11 de setembro, mas pouco funcionou. O mais fácil no curto prazo pode ser – e de fato é – o mais oneroso a médio e longo prazo.

A União Europeia não tem um plano sério e coerente para enfrentar esse tema e, quando se trata de africanos, muros e patrulhas são o único plano. As demais saídas, como a integração aplicada aos sírios e outros refugiados vindos do Oriente, ou são muito onerosas – e por isso impopulares – ou atentam contra os interesses nacionais dos países de destino. A exploração dos países menos desenvolvidos – da África em particular – cobra seu preço dos que dela se beneficiaram, historicamente. Essa é a realidade, em nítidas cores fortes e berrantes, que os europeus se recusam a enxergar ou aceitar. ◄

Oriente Médio e países árabes

Kadafi, causa mortis

Localizado em Sirte, sua cidade natal, Muamar Kadafi resistiu até o cerco final. Sua captura pelas forças opositoras deveria pôr fim à guerra civil na Líbia e abrir caminho para uma nova fase para o país. As últimas imagens do ditador vivo e de seu filho, sucedidas por imagens de ambos, agora mortos, colocaram um ponto de interrogação sobre a pedra fundamental em que o governo de transição pretendia construir o novo Estado.

A suspeita de que Kadafi fora sumariamente executado levou o Alto Comissariado das Nações para os Direitos Humanos a pedir uma investigação sobre as circunstâncias da morte. Para alguns, essa preocupação pode parecer inócua ou até mesmo despropositada. Afinal, em uma guerra, como impedir esse tipo de desfecho? Além disso, Kadafi foi um ditador sanguinário, que esteve no poder por 42 anos, de 1969 a 2011. Perseguiu, torturou e mandou matar muitos, o que, dentro e fora da Líbia, justificaria sua morte sem delongas.

Entretanto, esse episódio mostra como princípios básicos do Estado de Direito são desrespeitados e postos em segundo plano em situações-limite. O Conselho Nacional de Transição (CNT), governo da Líbia reconhecido pela ONU, não passou no primeiro e grande teste que mostraria seu compromisso democrático: respeitar o Direito Internacional Humanitário, preservando a integridade física e psicológica do líder capturado, uma norma básica universal; manter o prisioneiro vivo para que pudesse responder às esperadas acusações perante um tribunal, dentro ou fora da Líbia, um procedimento essencial na esfera pública democrática.

Reprovado no primeiro grande teste, o governo provisório líbio também não logrou passar no segundo, que seria investigar e punir os que exorbitaram e mataram Kadafi e seu filho. Se o governo alega não ter sido conivente com o fato, caberia, então, encontrar os responsáveis. Ação e omissão são dois lados da mesma moeda. Em vez de tomar o caso como sua primeira manifestação democrática, o CNT lavou as mãos com uma suposta causa da morte do ditador. A versão divulgada é que teria sido ele morto por uma bala perdida num tiroteio durante uma guerra, coisas que acontecem. Ora, no mínimo, uma perícia criminal independente deveria apurar a *causa mortis* de Kadafi, como prova técnica inicial do que ocorreu naquele episódio. De nada adianta ao novo governo dizer que será democrático se não agir democraticamente.

Matar ditadores é uma prática do passado, associada à barbárie. Julgar ditadores e puni-los com sanções exemplares é a prática do presente, associada à civilização democrática, desde o Tribunal de Nuremberg, criado em 1946, logo após a Segunda Guerra Mundial. Optando pelo método antigo, o novo governo líbio mostrou que sua imagem no espelho faz lembrar aquele que o antecedeu. ◄

Exércitos terceirizados

Nicolau Maquiavel, nascido em Florença, Itália, em meados do século 15, foi diplomata e escritor. Em sua obra mais famosa, *O príncipe*, aconselha o príncipe (governante) sobre como se manter no poder, e afirma que o Estado deveria ter, em primeiro lugar, um exército próprio, regular. É difícil imaginar isso hoje, mas no século 16 os Estados nacionais, ainda em formação, pagavam pessoas para defendê-los ou atacar um inimigo. Eram os mercenários. Maquiavel apontava riscos nessa prática, entre eles, o abandono da guerra pelos contratados, chantagens e até rebeliões contra o príncipe.

Cinco séculos depois, as lições do pensador florentino retornam à ordem do dia. Os EUA se retiraram do Iraque, em 2011, celebrando a decisão como um grande feito; aos poucos, soldados americanos são também retirados do Afeganistão. Em ambos os casos, a estratégia militar logrou estabilizar esses países, mas o cenário ainda é de guerra civil, de permanente ameaça de atentados e enfrentamentos urbanos ou rurais.

No caso do Iraque, país rico em petróleo, as forças armadas locais não têm preparo nem experiência para realizar a segurança dos poços de exploração e de seus dutos, bem como do próprio governo. Por isso, saíram os *mariners* e entraram as empresas de segurança privadas. Essa terceirização das Forças Armadas é um bom negócio para os contratados: em geral, são empresas americanas que oferecem seus serviços de segurança; muitos dos seus sócios são ex-oficiais e ex-combatentes americanos. Os salários pagos aos terceirizados são vultosos, proporcionais ao risco.

Realizar a segurança de ministros e autoridades pode render cem mil dólares por mês; já a expectativa de vida dessas pessoas é estimada em três meses.

Naturalmente, os países que contratam esse tipo de segurança esperam algum dia não precisar mais desses serviços, podendo contar com um exército e uma polícia bem treinados. Entretanto, isso pode levar muito tempo, pois se trata de criar e manter instituições do Estado. Iraque e

Afeganistão não são os únicos, porém, são mais visíveis. O Haiti é outro caso. Em países onde a polícia e o exército são fracos, mal aparelhados e corruptos, muitos estrangeiros – empresas e pessoas – contratam seguranças para defendê-los e defender seu patrimônio. Poucos sabem, mas em algumas embaixadas da África e da América Latina o Brasil utiliza seus próprios soldados para defender as instalações e o pessoal diplomático.

Terceirizados não geram indenizações por ferimentos de guerra nem pensões para si ou para a família. Suas mortes são incógnitas, não são notícia na grande mídia. Tampouco recebem condecorações ou reprimendas públicas por acertos e erros. E não oneram o setor público com longos tratamentos fisioterápicos e psiquiátricos pós-retorno. Esses soldados e policiais terceirizados – novas modalidades de mercenários, sob o amparo da lei local – estão mudando a realidade de muitos Estados e, talvez, da própria noção do que se entende por forças de segurança pública. O mercado de segurança privada parece estar nos levando ao mundo pré-Estatal; ou pós-Estado, se preferirem. ◄

Argélia e Mali

Na Argélia, milícias islâmicas sequestraram centenas de argelinos e estrangeiros numa usina de gás, recebendo violenta reação militar do governo, que deixou um rastro de dezenas de mortos, entre nacionais e estrangeiros. No Mali, a França interveio em favor do governo local contra milícias islâmicas e tribais, numa guerra civil que ecoa em toda a África do Norte.

O que aproximou esses dois eventos, ocorridos em 2013, e fez governos ocidentais temerem pelo pior? A expansão de grupos islamitas radicais na esteira da Primavera Árabe, um movimento sociopolítico iniciado na Tunísia, em 18 de dezembro de 2010, que mobilizou principalmente jovens insatisfeitos com a falta de oportunidades econômicas e a sistemática opressão política de regimes sem alternância de poder por décadas. Nesse movimento, as redes sociais foram largamente utilizadas na mobilização massiva de pessoas, que tomaram espaços públicos e exigiram mudanças e renúncias de governantes.

Uma das consequências indesejadas e mal previstas das mudanças de regime que vêm ocorrendo no norte da África – região conhecida como Magrebe (que significa poente ou ocidente, em árabe), que inclui a Tunísia e a Líbia, é o efeito *spillover* (derramamento) dos conflitos no entorno regional. A enorme fragmentação pós-queda

Papo de café: conversando sobre relações internacionais

Praça Tahrir, no Cairo, capital do Egito, palco das maiores manifestações populares durante a Primavera Árabe.

de Kadafi (por ele mesmo profetizada, como argumento para não deixar o poder) se comporta como uma autêntica medusa que se reproduz em outras partes, sem que haja um porta-voz, uma ideologia definida, e muito menos um quartel-general que sirva de interlocutor ou de alvo para as potências ocidentais.

Essas potências – França, EUA e Reino Unido – não escondem, mas dissimulam seus interesses econômicos naqueles países africanos, ricos em gás, petróleo e projetos de infraestrutura, a verdadeira razão para amparar ontem, hoje e, possivelmente, amanhã governos militares autoritários e plutocracias corruptas, que atuam contra os rebeldes – alcunhados de terroristas –, garantindo contratos e acesso facilitado à exploração das riquezas energéticas.

Além das más intenções dos rebeldes e do suposto perigo que representam se tomarem o poder, o que está em curso no norte da África e na região Saariana é uma disseminada contestação do domínio colonial e pós-colonial francês, britânico e norte-americano, que há décadas manda sinais trocados para a população – defendendo a democracia e os direitos humanos, mas apoiando regimes brutais que solapam as liberdades e a cidadania de seu povo.

Quanto mais intervenção unilateral na África, mais apoio popular haverá para esses grupos – muitos dos quais receberam armas do próprio Ocidente. Manter domínios e influências da era colonial, a qualquer custo, poderá sair mais caro do que o esperado. A ONU já está pagando, com ajuda humanitária, uma parte dessa fatura; ou seja, todos nós estamos pagando. ◄

Primavera sem fim

Mohamed Mursi – eleito presidente do Egito depois da queda de Osni Mubarak, em 2011, por grande pressão popular no contexto da Primavera Árabe – foi destituído do poder. Golpe de Estado? Sim, claro, pelos padrões ocidentais. Mas por esses mesmos padrões a Irmandade Muçulmana estava, passo a passo, ato por ato, islamizando o Egito, subvertendo o Estado de Direito, onde o Estado, até então, era laico, ou seja, separado das religiões. Aí reside o grande, enorme dilema da crise egípcia.

Num surpreendente ultimato, os militares egípcios deram 48 horas ao presidente Mursi para atender aos reclamos da população, que tomava a praça Tahrir e invadia ruas em outras cidades, em vigília permanente contra o governo, pedindo sua renúncia, justamente por estar violando o Estado de Direito. A expectativa que se formou naquelas horas era de que os militares tomariam o poder. Foi o que aconteceu. O chefe de Estado transitório foi o presidente da Suprema Corte, que convocou novas eleições gerais.

Os militares egípcios permanecem os últimos bastiões da resistência concreta e possível contra o assalto religioso ao Estado egípcio. E, há que se dizer, não apenas religioso, mas de uma facção religiosa, a Irmandade Muçulmana, berço e força política do presidente deposto. Tanto é assim que líderes religiosos islâmicos e cristãos apoiaram os militares em sua manobra fatal, como guardiães do Estado e defensores da revolução em curso. Uma gigantesca massa de opositores, políticos e da sociedade civil se voltou contra Mursi. A ânsia por mudanças era muito maior do que a paciência pelo *timing* democrático e o respeito a mandatos.

Para os EUA, a União Europeia e os países democráticos não foi tão difícil reconhecer a situação de fato criada. Na verdade, era só aceitar a possibilidade de ruptura institucional pela via da força e a submissão do poder civil ao militar. Entretanto, na disputa que se travou pelas mentes e corações no Oriente Médio, no contexto geopolítico, e dada a infância da democracia egípcia, as potências se resignaram em reconhecer o papel dos militares como "tutores confiáveis" de uma criança que ainda está longe de atingir a maioridade. Meses depois, o general Sisi, mentor do golpe contra Mursi, foi eleito o novo presidente egípcio, em 2014. E Mursi foi condenado primeiro à prisão perpétua e mais tarde, em 2015, à pena de morte. A sentença causou indignação, mas não surpresa. ◄

Um mártir de Palmira

Guardiões de tesouros povoam o imaginário histórico humano. Eles aparecem nas epopeias, nas guerras, nas narrativas de civilizações desaparecidas. A eles, somos devedores por receber vestígios, às vezes acervos completos, da história de um período. Eles ainda existem em pleno século 21; e o mundo perdeu um deles, em 2015.

Khaled El-Assad, arqueólogo, museólogo sírio, era o guardião de Palmira, cidade histórica da Província de Holms, na Síria, patrimônio mundial reconhecido pela Unesco. Ele era Diretor de Antiguidades de Palmira, entre 1963 e 2003, e estava com 82 anos.

El-Assad permanecia como defensor do acervo arqueológico sírio e recusou-se a deixar o país, mesmo sob ameaça de ser capturado e morto pelo Estado Islâmico (EI).

Pois bem, El-Assad foi detido pelas forças do EI, que o submeteram à tortura para que revelasse o paradeiro dos tesouros de Palmira. Além das ruínas da cidade, há objetos milenares, "um tesouro de Palmira" escondido por El-Assad para evitar seu saque e sua destruição. O arqueólogo resistiu a todas as atrocidades inenarráveis e não revelou aos algozes do EI onde estariam as peças do que constitui um capítulo precioso da história humana. Esse bravo e resoluto homem foi morto, pendurado em praça pública e teve seu corpo mutilado. Tornou-se o mártir de Palmira.

Em sua sanha por destruir a memória de civilizações passadas, o EI pratica graves crimes contra a humanidade, afastando quaisquer possibilidades de limites em sua ação. Recorde-se que até mesmo o temido Átila, rei dos Hunos, teria cedido a avançar na Itália, após uma conversa com o Papa Leão I. Isso foi no século 5.

Aqui, no século 21, enquanto

Oriente Médio e países árabes

Cidade de Palmira, na Síria, conhecida como a "Pérola do Deserto", patrimônio mundial da humanidade reconhecida pela UNESCO, vitimada por ataques e destruição causada pelo Estado Islâmico (EI/ISIS).

se avança na digitalização de documentos que democratizam o acesso à história, retrocede-se na eliminação e na pilhagem de peças e edifícios que contêm a memória da trajetória humana. Tanto a destruição, por motivos de fundamentalismo religioso, quanto o saque visando ao mercado negro de bens culturais são crimes internacionais. Não se pode ignorar que os países ocidentais têm sua parcela de culpa nessas atrocidades, tanto por haver invadido o Iraque quanto por haver armado fanáticos para derrubar o governo de Assad, na Síria, além de ser rentável mercado receptor (de colecionadores de obras raras) do tráfico ilícito de bens culturais. ◄

Anões e gigantes – Uma questão com Israel

A guerra permanente travada na Faixa de Gaza tem mostrado enorme desproporção no uso da força armada de Israel. A superioridade israelense grita e sua estratégia militar não poupa civis, incluindo crianças e mulheres indefesas. Cada vez que Israel decide invadir aquele território em nome de sua segurança é um cenário de inferno de Dante, que exala crimes de guerra e contra a humanidade.

Em 2014, o Conselho de Direitos Humanos da ONU, em Genebra, aprovou uma investigação independente sobre os eventos bélicos em Gaza. De 46 países, 29 votaram a favor (incluindo o Brasil), um votou contra (EUA) e os demais se abstiveram (incluindo todos os países europeus). A investigação foi aprovada, mas sem apoio das nações que mais evocam os Direitos Humanos como bandeira internacional. É bom registrar essa contradição.

Nesse contexto, o Brasil, que mantém relações diplomáticas normais com Israel, chamou seu embaixador em Tel Aviv para consultas e pediu explicações para o embaixador israelense em Brasília. No ritual diplomático, sempre ameno aos olhos do leigo, esse é um ato de grave discordância. O porta-voz das Relações Exteriores de Israel reagiu com total desproporção, tal como o seu país vem se conduzindo. Ele disse que o Brasil é um país irrelevante e um anão diplomático.

Nas brigas de rua e em locais públicos, quando alguém toma partido de uma das partes, está arriscado a ser xingado pelos nomes mais cabeludos (as mães costumam pagar um preço alto nessas horas) ou até ser agredido fisicamente por sujeitos embebidos em ignorância e irracionalidade. Diplomatas, mesmo nos momentos de tensão, não proferem palavras sem conteúdo nem mensagem que não seja cerebral. Diplomatas não são lutadores de MMA, embora às vezes pareçam ou queiram parecer.

Para que fique claro, o Brasil não é nem irrelevante nem anão diplomático. Somente para estabelecer uma comparação, e não precisa ser adulto, mas é preciso ter maturidade, é só observar o comportamento de um garoto que valoriza apenas os colegas que estão do seu lado, estão no seu time e lutam pela sua causa. É aquele menino problemático, que desqualifica o outro por não vestir a sua camisa e manipula o jogo para vencer a qualquer custo.

A régua que Israel usa para medir o tamanho, ou seja, a importância dos países está muito distorcida. Lembrando a filósofa americana Hannah Arendt, o Brasil está do lado da consciência da humanidade. Quem se coloca junto dos fracos e indefesos é sempre gigante, pelos valores que defende. ◄

Inesperado acordo – EUA e Irã

EUA e Irã chegaram a um acordo em relação ao programa nuclear iraniano. O fim bem-sucedido das negociações, em 2015, foi anunciado pelo porta-voz da Casa Branca, em tom triunfalista. O que era inesperado tornou-se fato. A diplomacia de Barack Obama logrou, assim, fechar um difícil e tortuoso capítulo das relações americanas no Oriente Médio.

Considerado uma das principais ameaças para a segurança dos EUA, o governo de Teerã pode, a partir de agora, e de forma igualmente inesperada, cooperar com Washington. A causa comum não é pouca: derrotar o Estado Islâmico. Toda negociação entre países, visando resolver um conflito, depende, para seu sucesso, de uma série de fatores internos e externos aos países envolvidos. No caso do Acordo EUA-Irã, parece que o processo atingiu seu ponto ótimo de oportunidades.

Ambos os governos deverão, na sequência, convencer a opinião pública de seus países e seus congressistas a aprovar o acordo, condição *sine qua non* para entrar em vigor. No caso iraniano, o governo terá que persuadir os setores mais

O Ministro das Relações Exteriores do Irã, Javad Zarif (à esq.), cumprimenta o Secretário de Estado americano, John Kerry, na sala da ONU, em Viena, na conclusão das negociações do acordo nuclear entre os dois países em julho de 2015.

radicais e extremistas, que preferem o país em frangalhos a qualquer acerto com os gringos.

No caso dos EUA, há dois *fronts* de resistência: um interno, pois parte do Congresso americano se mantém fiel à Era George W. Bush e não quer estender a mão aos iranianos (a mesma lógica se aplica em relação a Cuba); parte considerável desse mesmo Congresso não pretende avalizar nenhum acordo de Obama, sobretudo se lhe for conceder bônus para eleger seu sucessor, ou sua sucessora.

E há o *front* externo, dos aliados descontentes: Israel e Arábia Saudita. Esses dois países têm no Irã seu sumo rival regional, e não apenas são descrentes da palavra empenhada dos iranianos, como também não querem, sob nenhuma hipótese, aceitar que Teerã deixe de ser uma ameaça. E não se pode desprezar seu poder de *lobby* no legislativo americano.

Esse é um dos temas de política externa que, mesmo se aprovado o acordo, poderá ser revisto pelo Congresso Americano, pelas pressões internas e externas. ◄

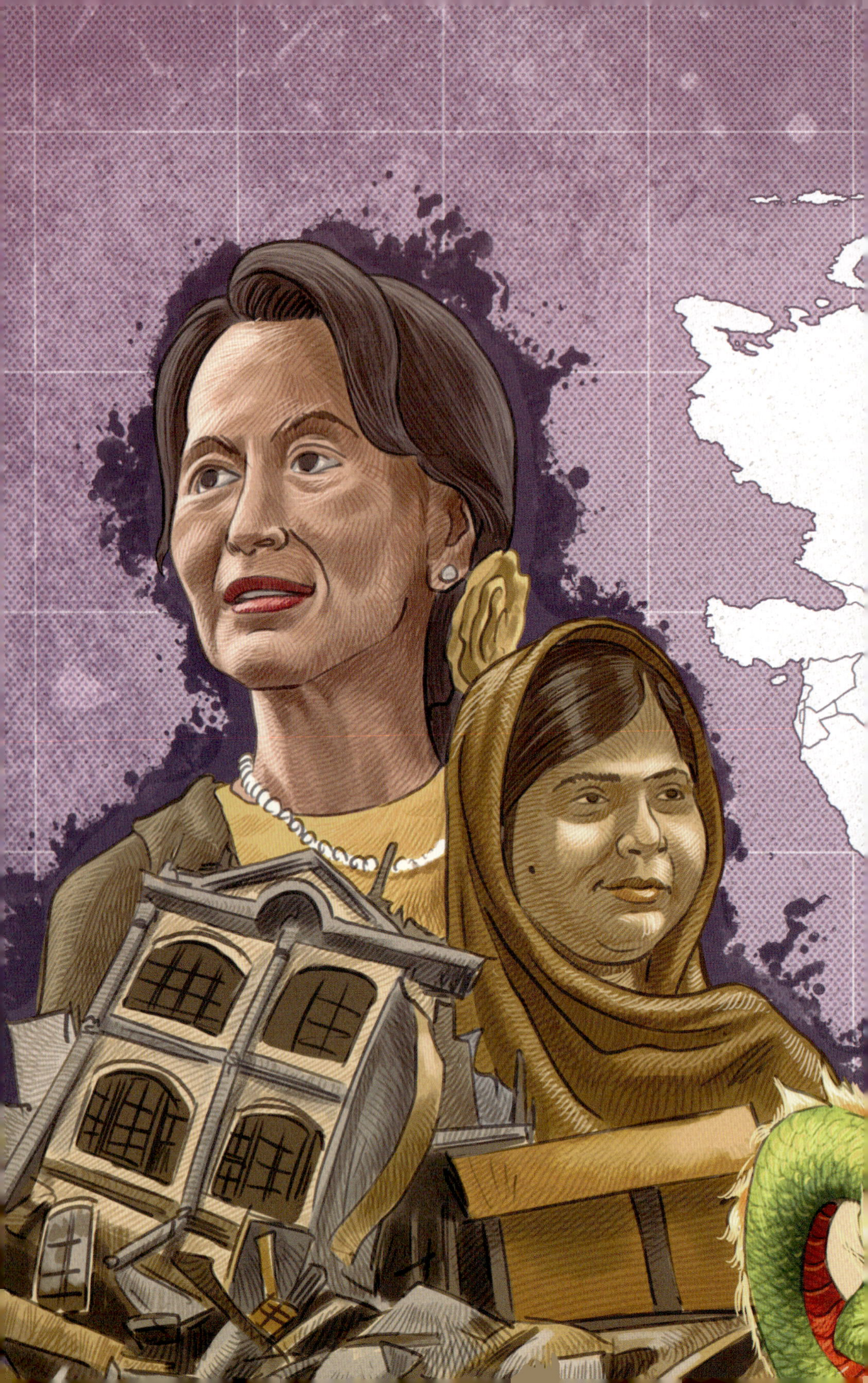

Ásia

Representação sem rigor cartográfico

Ásia

Vitória em Myanmar

O corpo esguio, o rosto sereno, a aparência frágil escondem uma fortaleza. Aung San Suu Kyi, líder opositora ao regime militar em Myanmar, na Birmânia, e Prêmio Nobel da Paz, obteve um assento nas eleições parlamentares do seu país, em 2012. Longe de representar qualquer normalidade, a eleição de Aung San Suu Kyi tem um significado transcendente para seu povo oprimido. Até pouco tempo antes de sua eleição, ela vivia em prisão domiciliar, sem poder exercer sequer o direito de expressão.

Foram 15 anos de reclusão forçada, o que a tornou um ícone político da estatura de um Mandela, na África do Sul; de um Xanana Gusmão, no Timor Leste. O fato de ser mulher, diante de uma junta militar formada por homens, representantes de governos autoritários que comandam o país com mãos brutais, agrega um valor contemporâneo e desconcertante para a transição política naquela nação asiática.

Paulo Sérgio Pinheiro – fundador do Núcleo de Estudos da Violência da USP, e que atuou como relator do Conselho de Direitos Humanos da ONU para o Myanmar/Burma – mostrou, de maneira incontestável, como o regime militar birmanês violou os Direitos Humanos, sistematicamente, durante décadas, numa escala poucas vezes vista. Pesadas sanções econômicas aprovadas pela ONU isolaram e definharam o país, cuja abertura começou a acontecer sob o controle férreo do governo.

Como em todas as transições políticas, a importância de uma liderança legítima, emblemática, que porte valores e aspirações coletivas, é fundamental para criar e manter a coesão social de um povo que aprendeu a permanecer calado, resignado e inerte diante da ameaça latente do poder absoluto. Liderando a oposição que vivia clandestina, assumindo o flanco minoritário de uma voz que representará menos de 10% do Legislativo, Aung San Suu Kyi ganhou a responsabilidade de propor um novo país, sem no entanto dispor de instrumentos para concretizá-lo. Voz dissidente, voz suave, essa poderosa voz da vitória será, por si só, o vetor da mudança. ◄

Um Nobel pelas crianças

O Prêmio Nobel da Paz de 2014 foi dedicado às crianças. Os contemplados diretos foram a paquistanesa Malala Youzafzai e o indiano Kailash Satyarthi.

Papo de café: conversando sobre relações internacionais

Mundialmente conhecida, Malala defende o direito das meninas à educação; Kailash combate há décadas o trabalho infantil na Índia.

O Nobel da Paz é o mais político dos prêmios e pretende sempre mandar uma ou mais mensagens globais com sua escolha.

Nesse ano, tratou de vincular a paz à proteção das crianças, um tema-chave para as políticas de desenvolvimento e para a política global da igualdade de gênero e dos Direitos Humanos.

Contemplar no mesmo prêmio dois países rivais e vizinhos, Índia e Paquistão, sinaliza pressionar sem discriminação duas culturas e duas religiões, a hindu e a muçulmana, a abandonar práticas que impedem o desenvolvimento integral das crianças.

No caso de Malala, há outros componentes políticos em jogo. Quando tinha 15 anos, a menina foi vítima de um atentado desferido pelo Talibã, quando ia para a escola. Esse grupo radical islâmico entende que as meninas não devem estudar, não devem sair de casa. Malala sobreviveu, foi salva, e apesar das sequelas físicas, radicou-se no Reino Unido e tornou-se uma ativista internacional do direito à educação das meninas. Sua militância corajosa não está isenta de críticas. Em seu país, há os que a acusem de traidora dos valores islâmicos; analistas mais isentos também criticam o fato de que o caso de Malala tenha sido apropriado por ONGs de Direitos Humanos que atuam pela "ocidentalização" do Oriente Médio e do mundo islâmico.

Vale destacar que essa edição do Prêmio Nobel da Paz é importante por outra mensagem: a paz não se materializa e se sustenta apenas pela ausência de guerra, pelo fim dos conflitos e pelos acordos de paz. A construção da paz está intimamente vinculada ao acesso à educação igualitária, entre outras medidas. ◄

Pena de morte e fuzilamento na Indonésia

Pela primeira vez, um brasileiro, Marco Archer, foi condenado à pena de morte e executado legalmente em outro país. Esse fato ocorreu na Indonésia, em 2015. O desfecho, esperado por quem acompanhava o caso de perto, causou indignação geral e mobilizou o governo brasileiro, tanto para evitar quanto para repudiar o fato.

A presidente Dilma expressou consternação, e os meios diplomáticos foram acionados: o embaixador em Jacarta, capital da Indonésia, foi chamado para consultas, e o embaixador indonésio, em Brasília, recebeu em mãos uma nota de repúdio. Atos diplomáticos fortes. Ir além desse patamar seria possível, mas não realista. Repudia-se a pena de morte, repudia-se a forma como é aplicada, repudia-se que um brasileiro tenha sido vítima dessa pena. Expulsar o embaixador, cortar relações, suspender exportações ao país seriam medidas drásticas que mesmo as grandes potências não aplicam (salvo se perderam seus bons negócios com o país; aí os Direitos Humanos viram álibi para outros interesses).

Além da Indonésia, outros países como China e Rússia aplicam a pena capital, ou seja, a pena de morte, sem falar dos EUA, considerados o único país democrático a mantê-la, oficialmente em 32 dos 51 estados federados e pelo governo federal. Do ponto de vista bilateral, o exercício da inconformidade tem limites. Já da perspectiva multilateral, o repúdio à pena de morte pode e deve ser exercido com a corda esticada. A ONU aboliu a pena de morte como meio legítimo de punição. Os Tribunais de Nuremberg e Tóquio, criados após a Segunda Guerra Mundial (1939-1945), foram os últimos a aplicá-la. Ela somente é admitida – e prevista na maioria dos países – em tempos de guerra. O Tribunal Penal Internacional (TPI), que também julga crimes de guerra, prevê como pena máxima a prisão perpétua.

Papo de café: conversando sobre relações internacionais

Estudiosos e pesquisadores da criminologia são unânimes em apontar que, ao menos nos EUA, a pena de morte não evita ou diminui a ocorrência de crimes contra a vida. Por isso, além de ser considerado instrumento anacrônico e ilegítimo de política criminal, esse tipo de pena também é visto como ineficaz, um falso inibidor de crimes. Outro aspecto são as maneiras de execução das penas. A mais utilizada hoje nos EUA é a injeção letal. Fuzilamento é uma forma cruel, que choca por seu uso em pleno século 21, e que pede revisão urgente por razões humanitárias. ◄

Nepal às escuras

As consequências do impressionante terremoto que sacudiu o Nepal em 2015 trazem questões preocupantes, mas infelizmente recorrentes em todo o planeta. Há regiões sabidamente perigosas, porque estão sujeitas a sismos; no entanto, milhares de pessoas teimam em ali permanecer. Por razões as mais distintas – de econômicas e geográficas a culturais e religiosas –, todos e cada um assumem o risco de viver em locais onde se espera que possa ocorrer um cataclismo.

Sendo assim, haveria de se esperar que as autoridades e a sociedade civil se prevenissem, di-

Localizado em área de frequentes eventos sísmicos, o Nepal foi parcialmente destruído por um devastador terremoto que atingiu o país em 2015.

minuindo os impactos do evento. Que tivessem um plano de contingência nacional bem pensado, pronto e calculado para ser colocado em prática quando fosse necessário. Não, nada disso parece ter sido levado em conta no Nepal.

Passados vários dias do terrível episódio, o país ficou paralisado, às escuras, dependente do socorro internacional. Muito se tem feito para auxiliar os nepaleses, mas a ajuda humanitária tem limites sob a cordilheira do Himalaia, a mais alta do mundo, onde se localiza o monte Everest.

Em situações como essa, é muito difícil que um país, sobretudo pobre como o Nepal, possa acudir as vítimas e se reorganizar sozinho. Especialistas falam que a reconstrução poderá durar 20 anos. O risco de se perder toda uma geração – uma vez que centenas de escolas foram destruídas – é real e grande. Além de todas as políticas e projetos conduzidos pela ONU e suas agências especializadas, já é hora de a Organização contar com uma equipe de "bombeiros internacionais", uma força de emergência que não dependa da boa vontade e do interesse dos demais países em colaborar. As atividades essenciais da ONU – a ajuda humanitária é uma delas – não deveriam ser terceirizadas.

O melhor exemplo vem do próprio Nepal. Para percorrer o Himalaia, há guias especiais, chamados sherpas, que sabem os melhores caminhos para chegar aos cumes das montanhas. Sem eles, é muito difícil escalar os picos. A ONU precisa ter seus guias de emergência, para atuar com conhecimento, competência e isenção, quando carecem ou falham as forças e os recursos locais para enfrentar calamidades previsíveis. ◄

Humores da China

A China é a nova potência planetária. Nove entre dez analistas não duvidam disso. O fato de esse país ter ultrapassado em volume a economia americana gerou uma expectativa absurda nos operadores do mercado internacional. Mas a China é pouco previsível em seus humores.

Curiosamente, uma das razões pelas quais esse país ganhou credibilidade no capitalismo global é sua capacidade de planejar e executar seu planejamento. Não sendo uma democracia política pelas balizas ocidentais, a China não sofre os solavancos e as incertezas inerentes às trocas de governo e – mais importante – às demandas populares.

Se, por um lado, as agências de risco e os investidores financeiros do mercado internacional têm muita preocupação com a segurança jurídica, por outro lado, não têm quase nenhum apreço pela democracia em si, se ela não produzir resultados econômicos. Por isso, a China não sofre cobranças do mercado para se democratizar ou respeitar os Direitos Humanos.

Mas o abalo da bolsa chinesa – que se tornou referência global há poucos anos – causou comoção no mundo conectado, diante das projeções de menor crescimento daquele país, em 2015.

Apesar de haver gurus que juram conhecer a China, e assim vendem opiniões sobre como aquele dragão do Oriente vai se comportar, a realidade é que ninguém sabe com precisão quando e como a China vai mudar seu curso ou ajustar a rota. Os chineses não fazem questão de ser transparentes nem são cobrados nesse sentido. Sua demanda por crescimento sustentável é sua maior virtude aos olhos inescrupulosos do mercado.

Esse baque criado no edifício das expectativas do mercado vai muito além da realidade e causa estragos perversos e danosos a países que, como o Brasil, exportam largamente para os chineses. A suposição é que a China deixará de comprar e levará para o fosso seus parceiros. Será mesmo?

Sobram cínicos entre os que opinam apressadamente sobre a mudança de humores da China. Faltam sabedoria e agudeza para entender que o humor sínico, leia-se chinês, atende a uma lógica peculiar, em pouco ou nada se ajustando aos humores ocidentais. ◄

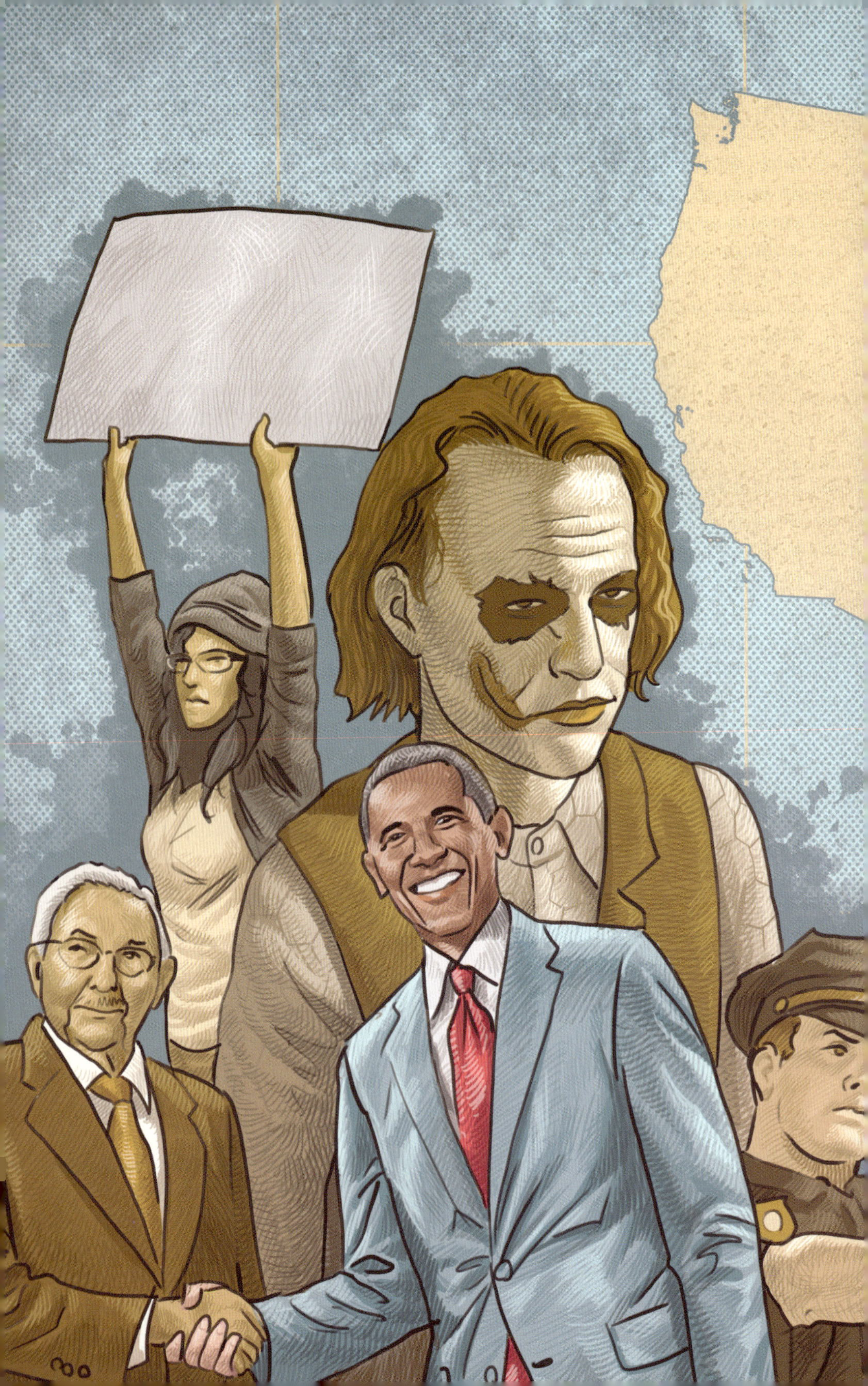

EUA

Representação sem rigor cartográfico

EUA

"Ocupem Wall Street"

"Ocupem Wall Street" nasceu como novidade: mobilizou jovens americanos a protestar contra o estado de coisas nos EUA. Começou em Nova York, em 2011, e se espalhou pelo país e pelo mundo. Ao contrário das manifestações comuns na democracia, essa não se dirigiu ao governo, mas ao sistema. É, a rigor, um movimento que clama por reformas radicais; talvez revolucionárias.

Os jovens ocupantes são, em sua maioria, universitários com empregos. Curioso perfil de pessoas que não estão premidas pelas necessidades essenciais, matriz dos movimentos sociais no capitalismo. A ocupação é um meio para mostrar que os canais políticos tradicionais ou estão bloqueados ou insensíveis às demandas em curso.

Qual a relação entre a Primavera Árabe, os indignados da Espanha (que ocuparam praças em Madri), as massas gregas que paralisaram Atenas (contra os ajustes econômicos na Grécia), o movimento estudantil em Santiago (que protestou por reforma educacional no Chile), as recentes manifestações no Brasil (contra a corrupção e o governo) e os garotos e garotas do "Ocupem Wall Street"?

Pelo menos dois liames existem e tendem a aproximar, cada vez mais, os movimentos sociais no planeta: 1) o uso das redes sociais como instrumento de mobilização por diferentes razões; 2) o anseio por mudanças relacionadas às injustiças geradas pela crise global, que afeta o sistema capitalista, nos países centrais. As consequências de cada movimento, no entanto, poderão ser distintas, considerada sua localização geográfica. Enquanto a Primavera Árabe recriou instâncias de poder nos países afetados (sob uma tênue linha da democracia), os ocupantes de Wall Street tentam sensibilizar parlamentares e governos a se posicionarem sobre uma agenda social sufocada pelas necessidades de ajuste econômico.

Diferentemente do Fórum Social Mundial, concebido por intelectuais brasileiros e franceses de esquerda no final dos anos 1990, que envolveu estudantes e ganhou as ruas em eventos eletrizantes, "Ocupem Wall Street" não é movido por mentores acadêmicos, mas se aliou a eles para encarar o inevitável debate com a opinião pública. Emparedado por um Congresso hostil, de maioria republicana ultraconservadora, do ponto de vista econômico e religioso, o governo Obama se move numa encruzilhada política, entre manter a ordem e a governabilidade ou empunhar suas bandeiras originais (ampliação do direito à saúde, garantia dos direitos humanos LGBT, reaproximação com Cuba etc.). Nesse cenário, ocupar Wall Street, ícone do *establishment*, não é má ideia. ◄

Coringas

Garotos assistem ao *Batman* e almejam ser, um dia, super-heróis como ele. Destemidos, fortes, solidários, humanitários. Quando adultos, passamos a entender o quão difícil é ser herói de quadrinhos e de cinema: seres solitários, reclusos, incompreendidos. Alguns garotos também querem ser anti-heróis, malfeitores, bandidos. Mas não se dá muita atenção a isso. Aí entra o Coringa.

Em Aurora, Colorado, a estreia do *Batman*, em 2012, foi vista por um rapaz que se apresentou à polícia como o Coringa. Sua *performance* na fita foi disparar a esmo contra o público que vibrava com as cenas na tela. James Eagan Holmes descarregou sabe-se lá que iras, frustrações, ressentimentos, desvios de personalidade contra pessoas inocentes que assistiam ao *Batman*, num sonho que virou pesadelo.

Holmes não foi o primeiro a realizar esse terror nem será o último. Mas a sociedade, em especial a americana, fica chocada com casos como esse, que têm acontecido com certa frequência.

O que leva um jovem, estudante de doutorado, a barbarizar dessa forma, sem piedade? Como explicar tal conduta? Por que a comunidade não percebeu tal ameaça? A psicologia, inclusive a forense, pode dar algumas respostas. A questão principal é que James Holmes conseguiu ser o Coringa com um arsenal equiparado ao do filme. Armas, munições, explosivos, bombas de gás

O Coringa, representado pelo ator Heath Ledger, no filme "Batman: o cavaleiro das trevas" (2008).

EUA

lacrimogênio, o rapaz tinha mesmo um paiol das Forças Armadas em seu apartamento.

Então, é preciso ir ao ponto: como o falso Coringa conseguiu todas essas armas? No mercado paralelo? Qualquer cidadão pode ir a uma loja e comprar armas e munição nos EUA, está previsto em lei. Fácil como comprar pirulito. O prefeito de Gottam City, quer dizer, Nova York, afirmou que a venda de armas tem que ser restrita. Nos EUA, um aclamado direito constitucional de adquirir armas livremente é defendido pelo *lobby* dos fabricantes de armas, que financiam campanhas eleitorais e sustentam políticos de leste a oeste.

Holmes pode ser um desajustado, sua defesa deverá argumentar essa tese a seu favor. Caberia indagar: onde estão os Coringas que ganham milhões com o comércio de armas e põem em risco a população? ◄

Drones

Aviões pilotados por controle remoto eram o sonho de muitas crianças. A maior parte deles era pilotada por adultos, aficionados por aeromodelismo. Imagens de infância recordam aviõezinhos flanando em círculo, num campo aberto, mas restrito. O uso desses pequenos aviões, impulsionado pelo salto tecnológico e pela securitização da política internacional, colocou esses antigos brinquedos em campos de batalha real.

Veículos aéreos não tripulados, os drones entraram no mercado de segurança como uma nova e revolucionária forma de vigilância, utilizada pelo poder público e pela iniciativa privada para – real ou supostamente – proteger pessoas e propriedades. No campo policial e militar, a grande vantagem desses robôs aéreos é a sua mobilidade, autonomia e, sobretudo, a preservação das vidas da tripulação, caso o aparato seja abatido.

Os drones estão hoje no centro de uma grande polêmica envolvendo o presidente Obama. O vazamento de um relatório confidencial do governo e a audiência de aprovação de John Brennan para a direção da CIA, no Senado, em 2013, mostraram que a política externa de Obama está utilizando drones para matar supostos terroristas fora do território americano. Ativistas e organizações de Direitos Humanos acusam Obama de atuar tal qual George W. Bush, seu antecessor, em flagrante violação de direitos fundamentais. Nos EUA a polêmica ganhou densidade constitucional, pois descobriu-se que o presidente autorizou o fuzilamento sumário, por meio de drones, de americanos envolvidos em atividades consideradas terroristas. Ou seja, o princípio do devido processo legal estaria

Drones militares norte-americanos estão sendo cada vez mais utilizados para ações de inteligência e de ataque, como na guerra da Síria.

sendo violado contra cidadãos norte-americanos.

Do ponto de vista do Direito Internacional dos Direitos Humanos, a dimensão de ilegalidade é muito maior e mais complexa. Execuções sumárias realizadas fora do território, além de violar esse direito, afrontam o princípio da soberania e do uso legítimo da força, prerrogativa da ONU. A partir de uma base americana na Arábia Saudita, diversos drones realizaram voos letais no Paquistão e no Iêmen, atingindo supostos alvos terroristas e matando civis de forma proposital e colateral.

A política de redução de mortes de soldados americanos no exterior tornou-se uma prioridade para Obama. Eliminar o suposto inimigo no exterior atende à lógica de romper o ovo da serpente em seu próprio ninho. São opções que atendem às pressões da opinião pública americana, ao mesmo tempo que ferem de morte os discursos e as promessas de um governo que defendia o Estado de Direito e o multilateralismo no mundo. ◄

A lupa e as midias sociais

Não há instrumento mais emblemático do que a lupa na história das investigações criminais. Grande aliada nas histórias de Sherlock Holmes, detetive amador e perspicaz, a lupa mostrava detalhes não alcançados a olho nu. Crimes eram desvendados ao se descobrir o rastro indiscreto do criminoso. Pois bem: a lupa, em sentido figurado, está sendo usada nas mídias sociais.

Não há aqui novidade: já se sabe que a polícia busca e utiliza, como prova, postagens feitas nas redes sociais. Em alguns casos, pode-se conseguir autorização judicial para acessar as contas de suspeitos. Tudo isso está dentro da lei. A questão é até que ponto o governo pode realizar um monitoramento generalizado dessas mídias (para obter metadados – informações gerais, não específicas, sobre ligações telefônicas, e-mails, postagens etc.), invadindo a privacidade de milhares de pessoas, sob o argumento de localizar suspeitos e prevenir crimes.

Essa é a polêmica que ganhou as manchetes nos EUA e no mundo, em 2013, a partir da defesa contundente do presidente Obama sobre a necessidade de monitorar as redes sociais para evitar atos terroristas. Obama explicou que várias ações conjugadas estão sendo realizadas: cooperação com as empresas proprietárias das mídias sociais (Facebook, Google, Twitter etc.) e petições judiciais em casos pontuais.

O que mais causou assombro foi a notícia de que o Facebook e o Google abriram voluntariamente contas de seus usuários para o governo (o Twitter teria se recusado a fazê-lo). Essa colaboração viola gravemente o direito à privacidade. Somente uma medida judicial pode suspender a garantia da privacidade, quando há um forte argumento nesse sentido. Mas o temor do terrorismo recrudesceu desde os atentados terroristas de Boston, quando bombas explodiram no meio da multidão e atingiram centenas de pessoas que acompanhavam a maratona de Boston, em 2013, inaugurando uma nova forma de terrorismo ao ar livre.

As medidas tomadas pelo governo Obama levaram analistas a dizer que o atual presidente está cada vez mais parecido com o seu antecessor, George W. Bush, que fora tão criticado por ter violado sistematicamente os direitos de cidadãos americanos e estrangeiros na sua "guerra ao terrorismo". Isso tem lá sua dose de exagero, mas o espectro da ameaça terrorista nos EUA, perpetrado por diferentes razões e contra distintos alvos, coloca um dilema para o governo: usar ou não a tal lupa. Como se vê, Obama decidiu usá-la, o que pode significar mais um passo em direção ao crescente controle dos cidadãos pelas esferas governamentais. ◄

O caso Ferguson

A bala disparada contra Michael Brown, um rapaz negro,

pela arma de um policial branco, em Ferguson, estado de Missouri, nos EUA, desencadeou enorme protesto, gerando mais violência policial. As cenas de confrontos de rua pareciam mais um *set* de gravação do que a vida real. Ferguson me fez lembrar o antológico filme *Mississipi em chamas*, com os veneráveis Gene Hackman e Willem Dafoe, protagonizando o momento em que os direitos civis nos EUA começavam a se impor contra a segregação racial, isso nos anos 1960.

Mas o caso Ferguson ocorreu em 2014, com o primeiro presidente negro na Casa Branca. Além da polêmica em si, do rapaz morto desarmado, outra polêmica deriva do caso: deve o presidente se impor nessa situação (lembrando que o caso está sob jurisdição estadual, que nos EUA é para valer)? Já se sabe, por estatísticas, que o maior contingente de população carcerária nos EUA é de negros.

Pesquisadores e estudiosos da discriminação racial em solo americano apontam que o racismo é generalizado, atingindo todas as camadas da população negra, dos mais pobres aos mais ricos. Há também evidências de parcialidade nos órgãos da Justiça e, naturalmente, no júri, quando negros são suspeitos e acusados. O presidente Obama, advogado e professor de direito, mantém a fé na Justiça e pede que ela se imponha no caso. Ele não quer atiçar a rixa entre negros e brancos. Essa tem sido sua postura, desde o início de seu primeiro mandato, adotando uma espécie de "diplomacia racial". É uma estratégia de cultura de convivência, de paz.

Talvez Obama esteja além do pensamento negro de seu tempo, destoando das posições intransigentes de parte da comunidade afrodescendente. A Suprema Corte dos EUA, de maioria conservadora, está desmontando as garantias de ações afirmativas para negros na educação e no setor público, por meio das quais os negros conseguiram acesso às políticas públicas em igualdade de condições, desde os anos de 1970. Muitos festejam isso como superação do racismo nos EUA. Mas as abordagens policiais nas ruas parecem apontar o oposto. ◄

Obama e Castro

A Cúpula das Américas, maior evento de alto nível governamental do hemisfério sul, selou o retorno das relações entre EUA e Cuba, após 50 anos de exclusão da ilha dos irmãos Castro do multilateralismo interamericano.

Esse reatar dos vínculos cubano-americanos no âmbito coletivo produz impactos de significativo valor nas relações interamericanas.

Por mais que Raúl Castro, que governa Cuba desde o afastamento do seu irmão Fidel Castro, tenha dito que essa nova fase não exclui a independência de Cuba e que o país concorda em continuar discordando, o fato transcendente é que um dos pilares históricos do antiamericanismo foi enterrado na Cúpula do Panamá, em 2015, sob protestos não da esquerda dentro e fora de Cuba, mas de grupos conservadores cubanos nos EUA, que desejavam ver os irmãos Castro "sangrando" pela crise econômica.

Sem ter maioria na Câmara ou no Senado – ambos majoritariamente contrários ao aperto de mãos com Raúl –, Obama operou na estreita, mas segura, margem que seu mandato dispõe em política externa. Não assinou acordos (que seriam fatalmente vetados no Congresso), mas criou um ambiente afável para o diálogo com Cuba. Vale agregar que o papa Francisco contribuiu discretamente com seus bons ofícios para essa diplomacia de aproximação – fato reconhecido publicamente por ambas as partes.

Na prática, está em curso uma negociação ganha-ganha: ganha Obama, ao romper um polo ideológico de inspiração antiamericana na América Latina, aumentando

Raúl Castro, presidente de Cuba, e Barack Obama, presidente dos EUA, selam o reatamento das relações diplomáticas entre ambos os países, na ONU, Nova York, 2015.

seu prestígio na região; ganha Castro, ao abrir uma janela de oportunidade alternativa à ilha, uma vez que a crise da Venezuela inviabilizou a sustentação econômica de Cuba no médio e longo prazo; e ganham terceiros interessados – os países latino-americanos que apostaram no fim do isolamento de Cuba, sem mudança forçada de regime político.

Os impactos desse movimento, parecido com a amizade do Facebook (agora ambos estão adicionados), é que os demais membros da comunidade latino-americana terão que conviver na mesma rede e aceitar o fato de que a bipolaridade formal, remanescente da Guerra Fria, não existe mais. Para selar de vez a reaproximação cubano-americana, meses depois os dois países reabriram suas embaixadas em Havana e Washington, fato que comoveu alguns cubanos, que achavam que não viveriam para ver esse momento. Mas a comoção não parou ali. Em março de 2016, Obama visitou Cuba para promover e acelerar a reaproximação entre os dois países e declarou em seu discurso: "Vim aqui para enterrar o último resquício da Guerra Fria nas Américas". ◄

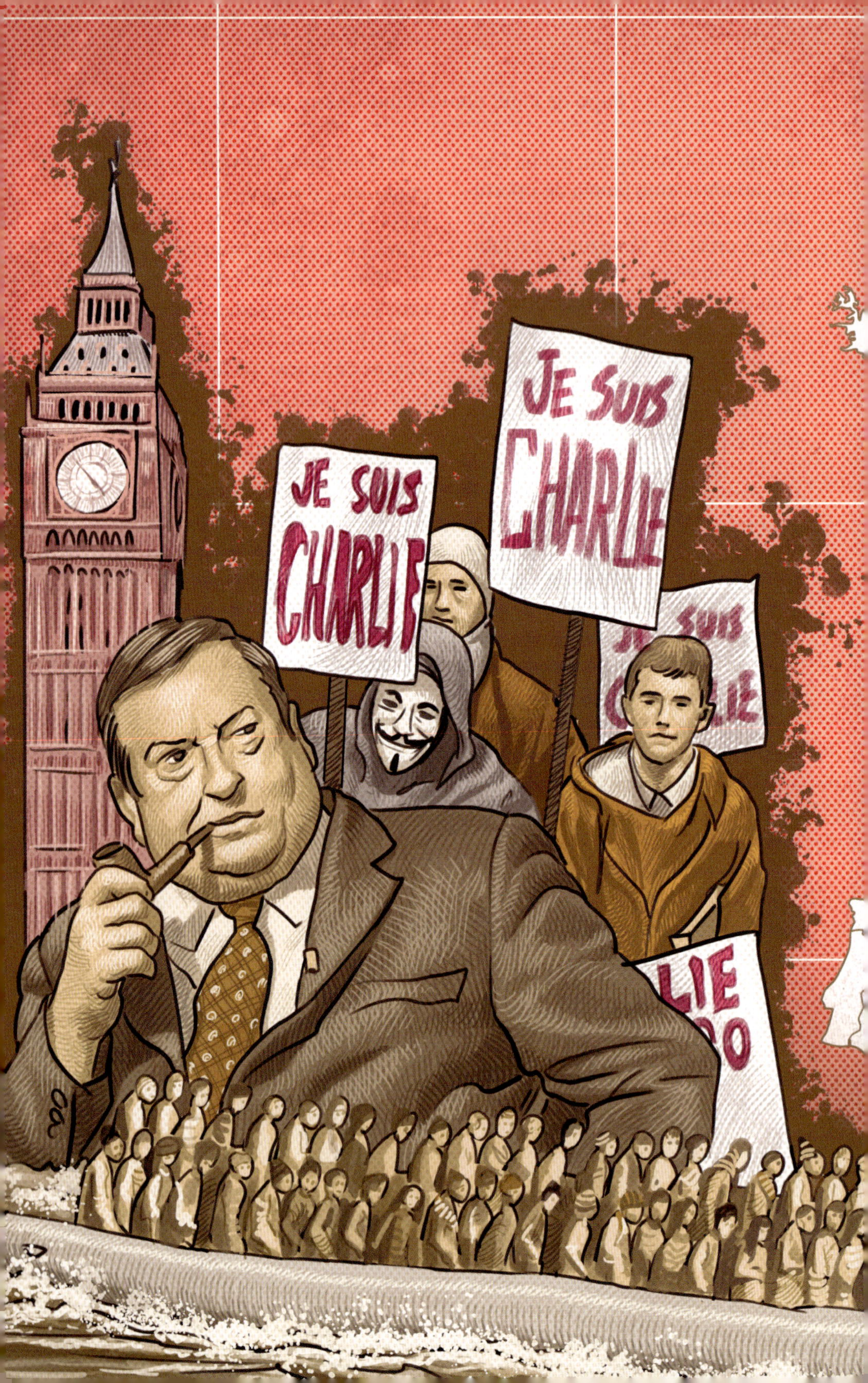
JE SUIS CHARLIE
JE SUIS CHARLIE
SUIS
LIE

EUROPA

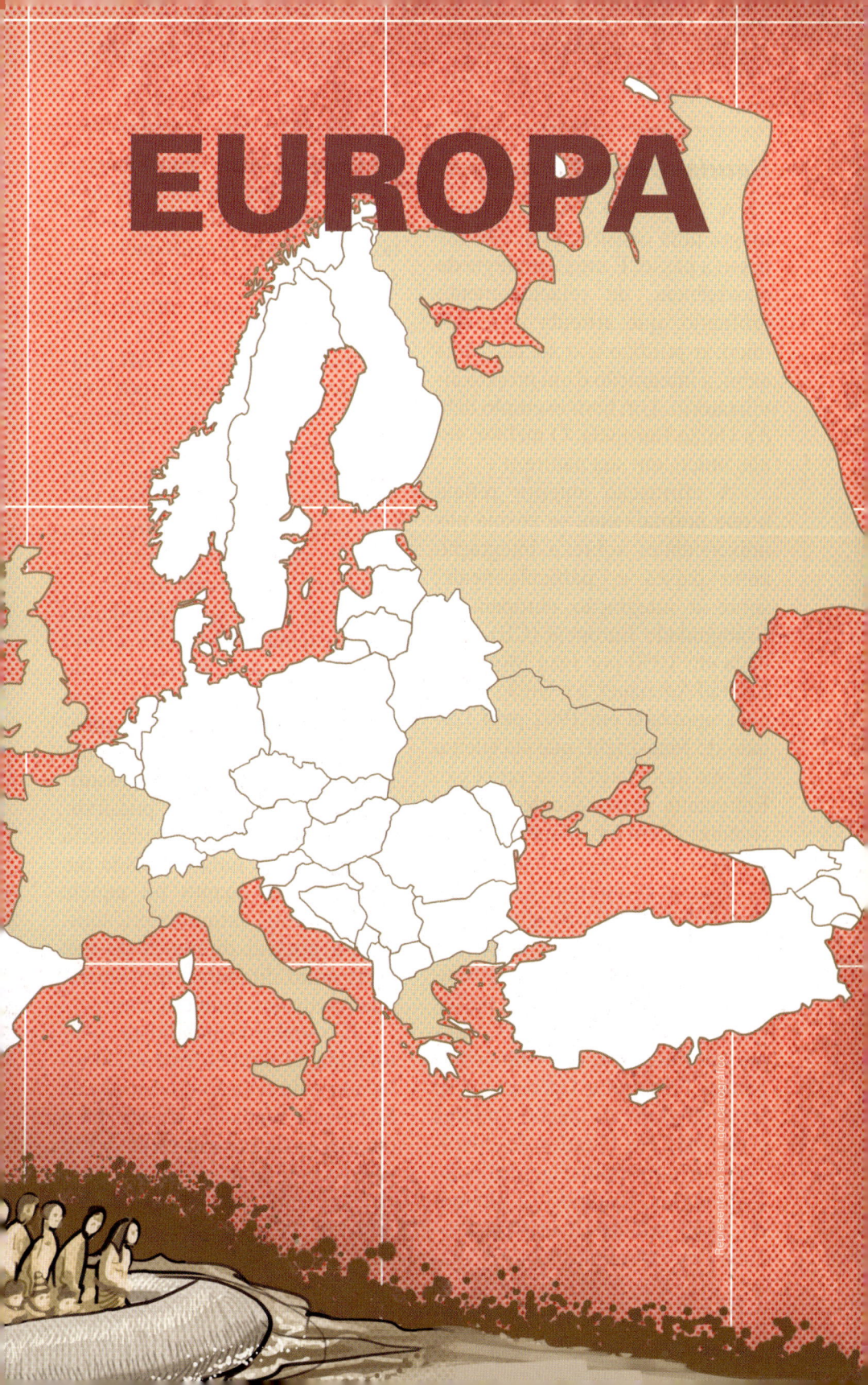

Saudades da Europa

A integração é um processo longo, uma construção que se faz passo a passo. É uma estratégia de convivência, de relacionamento profundo, que articula o econômico, o político e o social. Mais além, a integração é um projeto civilizatório. Um bom exemplo dela é a União Europeia. O melhor, senão único, em sua natureza.

A afirmação anterior reflete o que normalmente se ensina nas universidades sobre a integração entre países e, particularmente, sobre a integração europeia. A Comunidade Europeia (CE), fundada em 1950 por Jean Monnet e Konrad Adenauer, e a União Europeia, aprovada em 1992 pelo Tratado de Maastricht, que sucedeu a CE, são modelares nesse processo. Entretanto, graves acontecimentos recentes põem em xeque o projeto europeu e seu universalismo.

A crise econômica e o conflito cultural estão desfigurando a Europa, que se erigiu e se propalou como o ponto alto das relações internacionais. Três países que ingressaram na então Comunidade Europeia, em 1986 – Espanha, Portugal e Grécia –, e se transmutaram de nações pobres e isoladas em Estados desenvolvidos e admirados, agora estão combalidos, tentando se recuperar, com grandes sacrifícios sociais e econômicos.

Entre os mais dramáticos, o caso da Grécia lembra o colapso econômico da América Latina, nos anos 1980. Um país quebrado, sem condições de administrar suas obrigações no curto prazo, está praticamente tutelado pela cúpula da União Europeia e do FMI (leia-se Alemanha, França e, por fora, EUA). Apesar de haver feito um plebiscito em 2015, em que 60% dos votantes disseram "não" à política de austeridade, a Grécia tenta se adaptar aos ajustes propostos, mas sua saída da zona do euro segue sendo uma possibilidade.

Esses países se acomodaram num sistema de benesses criado pela lógica das assimetrias do bloco (os que têm menos recebem mais), que gerou bolhas de prosperidade e de desenvolvimento sem contrapartida de autossuficiência. A permanente possibilidade de moratória da Grécia seria o desfecho de uma realidade tão irresponsável quanto foi aquela dos governos latino-americanos, com a notável diferença de que estes eram ditaduras, sem quaisquer controles democráticos.

Já o sonho da mobilidade, o fator humano europeu, está sendo solapado pela revisão do Acordo de Schengen, regulador da entrada e circulação de pessoas estrangeiras no bloco. O muro de Lampedusa, como ficará conhecido o cerco na ilha italiana aos refugiados vindos da Líbia, e as barreiras da Hungria aos sírios, vão se convertendo na mensagem que os governos europeus, envergonhados, cravam na história contemporânea. Vale para essa Europa o que cantou Fernando Pessoa sobre seu país: "Tudo é disperso, nada é inteiro. Ó Portugal, hoje és nevoeiro...". ◄

Das galerias de Londres

Nos subterrâneos de Londres, as galerias pluviais escondem uma cidade soturna. Desconhecidas, silenciosas, resignadas, as águas que por ali escoam passam ignoradas pelo público, pela mídia e pelos políticos. É como se fosse uma cidade invisível; ali se vive, ali se dorme, ali se morre. De súbito, esse coletivo *underground* emergiu feroz, causando saques, violência e perplexidade.

Milhares de jovens, incluindo os da classe média britânica, vivem nessas galerias de exclusão social, sem esperança de ver o sol, sem a certeza de que poderão um dia circular como cidadãos inteiros, profissionais, trabalhadores.

A morte do jovem Mark Duggam, no bairro londrino de Tottenham, em 2011, em perseguição policial, foi o estopim da explosão que sacudiu a cidade durante quatro dias e gerou a detenção de perto de duas mil pessoas. Dada a proporção, os distúrbios causaram atritos no próprio governo: o primeiro ministro David Cameron criticou a polícia, insinuando-a inoperante; esta se defendeu,

Detalhe do Big Ben, em Londres, capital do Reino Unido, cidade também afetada por protestos de jovens descontentes com o *status quo*.

afirmando ter agido na hora certa, com o calibre adequado.

O perfil dessas massas que se dedicaram a saques frenéticos incluiu crianças, donas de casa e pessoas sem nenhuma ficha corrida na polícia. A tese de que se tratava de criminosos, de foras da lei nem bem decolou dos escritórios da polícia e dos gabinetes ministeriais e teve que fazer pouso forçado no solo da realidade.

Cameron tentou explicar o problema no âmbito moral, exortando os pais a educarem e controlarem seus filhos em casa. Chega a ser patético o apelo do primeiro ministro. O fato não se explica nem pela moral familiar nem pela criminologia. Trata-se de um fenômeno social vinculado à falta estrutural de emprego e de cobertura social do Estado.

Sem perspectiva de trabalho formal, vivendo de bicos, às vezes ilegais, mas sentindo que a desigualdade socioeconômica aumenta, esses jovens britânicos tiveram seu momento de "basta!", à maneira de seus contemporâneos na Tunísia, no Egito, na Líbia e na Síria.

A entrada de Londres nesse circuito de protestos é talvez um sinal de que se está diante de um fenômeno global, não confinado ao mundo árabe, mas conectado ao capitalismo em crise. Um sinal de que as galerias de cima – do luxo, da fartura, do consumismo – não ficarão incólumes sem uma solução de democracia social, inclusiva. ◄

Não devolução de refugiados

A Corte Europeia de Direitos Humanos condenou o Estado italiano por haver devolvido imigrantes somalis e eritreus para a Líbia, de onde haviam saído de barco. A decisão sobre o caso *Hirsi Jamaa e outros v. Italia*, em 2012, de que a devolução de estrangeiros em alto-mar ao seu país de origem é um ato ilegal, é considerada histórica, dado seu impacto em toda a Europa e como precedente de Direito Internacional no mundo.

Um país pode definir, com sua política migratória, se aceita receber estrangeiros dentro de seu território. Essa é a regra basilar da soberania nacional. Porém, se os imigrantes tentam ingressar em condições precárias (coletivamente, em barcos ou como clandestinos em navios ou outros modais), mesmo sem documentos ou visto, as autoridades do país de destino não podem recusar a entrada desses imigrantes, pois eles podem estar sofrendo, ou vir a sofrer, perseguição no seu país de origem.

De matriz humanitária, o princípio da não devolução (*non-refoulement*) está previsto na Convenção de Genebra de 1951 (Estatuto dos Refugiados), mas dado o seu caráter essencial para a proteção da vida, ele é reconhecido hoje como obrigação internacional geral para todos os países. Assim, mesmo os Estados que não ratificaram a convenção estão obrigados a respeitá-la.

O fato de os imigrantes adentrarem o território não significa que terão o direito incontestável de nele permanecer. Isso ocorrerá caso sejam reconhecidos como refugiados; mas se forem identificados como migrantes econômicos, e não sejam perseguidos, poderão ser repatriados. O que a Corte de Estrasburgo definiu, com acerto, é que os imigrantes em condições vulneráveis que buscam acolhimento em outros territórios, ainda que irregularmente, têm o direito de ser recebidos. Isso vale para portos, aeroportos e *check points* terrestres; vale para a Itália e para todos os países, incluindo o Brasil – que, aliás, vem recebendo mais refugiados, principalmente sírios. É nos momentos de crise econômica e política que os Direitos Humanos mais correm o risco de ser violados e suspensos; é nesses momentos que a força do direito deve se impor para proteger os valores humanos mais elevados. ◄

Democracia à la carte

Ao entrar em um restaurante, o freguês se acomoda à mesa e, tão logo o garçom chega, fica sabendo que há um prato do dia. Em geral, ele é mais barato e, possivelmente, será mais rápido. Mas pode ser que essa oferta não seja do gosto do freguês, então, a opção é pedir *à la carte*, ou seja, escolher um dos pratos do cardápio.

Essa situação se repete aos milhares e milhões de vezes, todos os dias, em todos os lugares do mundo. Com a democracia parece estar se passando o mesmo, senão na mesma quantidade, com a mesma regularidade. Como pode ser isso?

O caso da Ucrânia, em 2014, é ilustrativo. O presidente ucraniano tinha maioria no parlamento, foi pressionado pela massa nas ruas de Kiev e teve que fazer um acordo de governabilidade. Até aí, democracia do dia. Mas, diante da ameaça da turba, o presidente fugiu para um lugar seguro e, em seguida, o parlamento aprovou sua destituição, sem direito à própria defesa. Democracia *à la carte*, ou seja, uma solução casuística, fora da normalidade.

Do outro lado do país, a minoria russa, temerosa de sofrer represálias, clama pelo apoio de Moscou. Este, que mantém bases militares na Crimeia, amparada em acordo bilateral com a Ucrânia, desloca suas tropas para proteger a segurança da minoria russa e de suas instalações bélicas. O parlamento da Crimeia, que é uma região autônoma da Ucrânia, aprova por unanimidade um referendo para votar por sua independência e possível união com a Rússia. Tudo democracia *à la carte*, de acordo com a conveniência.

O detalhe é que a carta do restaurante democrático tem opções para todos os gostos, o que alimenta a disputa entre as potências que querem que todos comam o prato do dia, quer dizer, a democracia do dia, desde que elaborado pelo seu *chef*, das potências. O que está ocorrendo é que, não querendo comer o prato do dia, porque não atende a seu paladar, o freguês opta pelo *menu à la carte*, que é mais custoso e demorado, e, no caso da Ucrânia, como em outros, contestado e ameaçado sob acusação de ser antidemocrático e ilegal.

A democracia não deveria ser um joguete na mão das potências. Mas de fato ela é, na medida em que não existe um modelo aceito e universal de democracia mais além das eleições periódicas e limpas.

O que é Estado de Direito? As respostas são muitas e variadas. Mas, pelo menos, a democracia está no *menu* das relações internacionais, mesmo que, atônito, o freguês ouça a sentença do garçom: "Infelizmente não temos esse prato hoje". ◄

Corações, mentes e geopolítica

A declaração de independência da Crimeia e seu pedido de

A Crimeia, até então sob o domínio ucraniano, por meio de votação de seu parlamento, decidiu voltar a ser território da Rússia, que a anexou em 2014, tornando-se o epicentro da crise política entre Kiev e Moscou.

anexação à Rússia, em 2014, é um desses fatos que ingressam rápido nos livros de história. E somente a história consegue explicar com mais e melhores argumentos o que acontece naquela região.

As autoridades ucranianas evocam o velho ditado "gato escaldado tem medo de água fria", já que a Ucrânia ficou décadas sob a influência soviética e, desde o fim do comunismo, vem tentando ser mais capitalista, mais ocidental e mais europeia. Na outra ponta, em Moscou, o presidente Vladimir Putin fez um discurso de estadista na Duma (parlamento russo), para justificar a anexação da Crimeia e para dizer em alto e bom som que a Rússia continua sendo uma potência.

Olhando o caso com a isenção que nós, aqui do Brasil, podemos invocar, o caso da Crimeia ganha interpretações válidas, porém divergentes e até irreconciliáveis. Do ponto de vista do Direito Internacional, tanto a Ucrânia quanto a Rússia violaram normas internacionais. Mas numa escala de gravidade, a Rússia foi mais longe, ao apoiar logisticamente a população da Crimeia a proclamar sua independência e, ato contínuo, anexá-la imediatamente, sob protesto da Ucrânia.

Os EUA, ao se apresentarem como paladinos do Direito Internacional, são facilmente tachados de "santo com pé de barro", uma vez que não apenas cometeram violações do Direito Internacional semelhantes, como também seguem praticando "crimes continuados", ao manter a prisão de segurança máxima de Guantânamo, em território cubano, e ao utilizar drones assassinos, apenas para citar dois exemplos. Nisso a Rússia foi hábil, pois apontou as contradições americanas e europeias para dizer: "nós também temos o direito de fazer o que vocês fazem".

É aí que entra a geopolítica. Se a análise leva em conta o poder internacional, a renovação do poder russo é vista como uma boa notícia, se a premissa for quanto menos concentrado o poder dos grandes, melhor para os pequenos. Longe de ser uma nova Guerra Fria, a disputa entre Rússia e EUA reforça um cenário multipolar, em que a China se destaca, mas há espaço para os outros membros do Brics, além da China e da Rússia – Brasil, Índia e África do Sul.

A disputa que envolve corações e mentes não exclui o respeito ao Direito Internacional, mas não se resume a ele. A geopolítica daquela região, que inclui energia, comércio, democracia e direitos humanos, é uma equação complexa, em que o atual desfecho de uma Crimeia russa é apenas uma parte da paisagem completa, em que a Rússia tenta ampliar sua influência política e territorial no seu entorno. ◄

O portal de Le Goff

Ao completar 90 anos, em 2014, Jacques Le Goff partiu deste mundo, deixando legiões de leitores e discípulos na França e pelo mundo afora. Integrante da Escola dos Annales, tal como Fernand Braudel, o mais conhecido no Brasil, Le Goff era o "Senhor Idade Média", pelo seu vasto e profundo conhecimento sobre esse período. Idade Média que, para ele, foi de trevas e de luzes.

Não é maravilhoso ler um livro que permite viajar a um tempo remoto e ajuda a compreender como as pessoas sentiam, pensavam, olhavam, falavam, ouviam e cheiravam na época? Debruçado no cotidiano dos povos, Le Goff fez isso com a Idade Média, que ele considerava o berço da Europa atual.

Criador da antropologia histórica, esse grande humanista mostrou que cidades (e redes de cidades), universidades, sistema bancário, direito comercial, entre tantas outras invenções e instituições, nasceram e se desenvolveram na Idade Média.

Somos levados a reforçar estereótipos que atendem à simplificação de métodos de ensino, por isso é difícil aceitar que a Idade Média, período que a maioria de nós aprendeu como sendo o período das trevas, das sombras (em oposição ao Iluminismo, posterior, das luzes laicas e liberais do Enciclopedismo), tenha sido um período de grande fertilidade intelectual, de curiosidade e progresso científico. Mas assim o foi, segundo nos conta Le Goff em seus escritos magistrais.

Não seria demasiado dizer que o historiador francês agiu como um verdadeiro mediador do portal da História; não como aquele porteiro de *Diante da Lei*, de Kafka, que atemorizava quem queria entrar, mas um guardião que convidava a ingressar, que seduzia a peregrinar por esse desconhecido e incrível mundo que ele chamava de "nosso berço". ◄

Cem anos depois

A data remete ao nascimento de nossos avós e bisavós e dos pais deles. Fotos antigas, amareladas, guardadas em caixas esquecidas no fundo dos armários são daquela época. Um período de grande fé na humanidade, na ciência e no progresso. Paris era uma festa, com suas feiras internacionais, incensando o voo inaugural do 14 Bis, pilotado por Santos Dumont. Era o tempo da "Belle Époque", expressão que fala por si mesma.

Em 28 de junho de 1914, um fato determinou a trajetória histórica. O assassinato do arqueduque da Áustria, Francisco Ferdinando, herdeiro do trono do Império Austro-húngaro, selou os rumos da política internacional, desencadeando a Primeira Guerra Mundial. As razões do conflito são complexas e se relacionam às disputas de poder na Europa e suas conexões no vasto mundo colonial, que se espraiava pela Ásia e África.

Recordar esse evento não serve apenas para mostrar a insanidade da "guerra total", expressão criada pelo estrategista Clausewitz, teórico da guerra, no século 19. Mas é um recurso essencial para entender grande parte da geografia e da história política da atualidade, em boa medida forjada no desfecho daquele conflito.

Os meios de comunicação, como o rádio e o jornal, tiveram papel fundamental naquele momento. Foi a primeira vez que o mundo acompanhou "em tempo real" um conflito internacional de tal magnitude. No Brasil, jornais como *O Estado de S. Paulo* e *A Tribuna de Santos*, nascidos no século 19, informavam sobre a guerra, que afetava a economia e o comércio nacionais, e que acabou levando nosso país a cerrar fileiras contra os alemães e declarar "estado de guerra", em outubro de 1917, após o afundamento de navios brasileiros.

Grandes personagens da literatura e do cinema emergiram dali, enriquecendo o imaginário simbólico da humanidade. Entre eles, Lawrence da Arábia (eternizado pelo ator britânico Peter O'Toole), o espião britânico que articulou a insurreição árabe contra o Império Otomano e que se solidarizou com os oprimidos; a bailarina holandesa Mata Hari (eternizada pela atriz Greta Garbo), espiã dupla, condenada à morte por traição.

Hoje, ao estudar História, Geografia e Relações Internacionais, nos deparamos com o nascimento de um novo mundo pós-Primeira Guerra. Não devemos estranhar que depois de 1919 – com o Tratado de Versalhes, que pôs fim à guerra – as fotos antigas falem mais de nós do que imaginamos, dados os vínculos da formação das fronteiras atuais com aquele período histórico. ◀

Paris com Charlie, Paris pós-Bataclan

A gigante manifestação que tomou as ruas de Paris reuniu cerca de um milhão de pessoas e cinquenta chefes de Estado europeus e de outros continentes. Paris tornou-se o símbolo da indignação e da resistência contra o terrorismo fundamentalista.

O atentado contra o jornal satírico *Charlie-Hebdo*, em janeiro de 2015, mobilizou a França por três dias, tensionando todo o país, e foi concluído com a execução dos irmãos que promoveram o massacre e de outro jovem que fez reféns em uma loja judaica, ações articuladas que as forças de segurança francesas atacaram simultaneamente, vitimando quatro reféns.

Todo esse processo, em poucos dias, desencadeou vivo debate global. Em meio às frases de ordem "Eu sou Charlie" e "Eu não sou Charlie", diferentes opiniões pululuaram nas várias mídias, evocando diversos lados da questão, seja pela incondicional defesa da vida e do direito à liberdade de expressão, seja pela condenação de excessos cometidos por *cartuns* contra símbolos religiosos e suposta incitação à xenofobia e ao racismo.

Do ponto de vista dos governos, o tema assume matizes estratégicos e de segurança pública. Como impedir novos atentados terroristas? Como não ficar refém de radicais dentro do próprio país? A Europa vive uma situação nova e desafiadora: milhares de jovens nascidos, crescidos e educados em território europeu estão sendo cooptados e seduzidos por organizações islâmicas para travar a *jihad* (guerra santa) islâmica contra o Ocidente.

Meses depois, em novembro do mesmo ano, um novo atentado terrorista reivindicado pelo ISIS (Estado Islâmico), e articulado parte na Bélgica e parte na França, com

Manifestações de rua massivas em Marselha, na França, em favor da democracia, igualdade e liberdade e contra o fascismo, em 2015.

dezenas de vítimas que assistiam a um show na casa de espetáculos Bataclan em Paris, além de outros ataques em outros locais, paralisou a França e levou o governo a instaurar medidas de exceção que suspenderam garantias fundamentais, por exemplo, a possibilidade de prender pessoas sem mandado judicial, jogando a França no dilema de manter-se uma república democrática ou tornar-se uma "república de segurança".

Tudo isso ocorre num momento delicado, em que grupos, redes e partidos de ultradireita fascistas ganham crescente apoio da opinião pública europeia e, na própria França, o nacionalismo xenófobo de Marie Le Pen vem aumentando seu poder. A sombra do autoritarismo lança seu manto, ainda pequeno, mas já visível, na cena pública europeia. ◄

Família irlandesa

A família irlandesa acaba de ganhar um novo membro. Realizado em 2015, um referendo histórico, com ampla margem de votos, aprovou o casamento *gay* naquele país. Pela primeira vez no mundo uma nação aprova o casamento entre pessoas do mesmo sexo por voto popular.

A votação surpreendeu: 62% votaram pelo sim, e 38%, pelo não. Do total de votantes no país, 60% acudiram às urnas para se manifestar, uma alta porcentagem da população, considerando que o voto é facultativo. Esses números mostram a legitimidade da decisão que saiu da consulta. Para a Irlanda, a decisão é uma virada espetacular. Num país majoritariamente católico, a homossexualidade era crime até 1993. Uma situação aberrante de violação de Direitos Humanos, em que os *gays* sofriam implacável censura moral e religiosa.

Principal responsável pela postura conservadora e reacionária da população irlandesa nesse tema, a Igreja Católica naquele país perdeu credibilidade nos últimos anos, pelas denúncias gravíssimas de abusos sexuais cometidos por clérigos católicos. Em paralelo, o movimento pelos Direitos Humanos, LGBT (Lésbicas, Gays, Bissexuais, Travestis, Transexuais e Transgêneros), se fortaleceu e atuou habilmente para convencer a população sobre o acerto em reconhecer os direitos igualitários dos *gays*.

No Vaticano, o papa Francisco contribuiu para essa abertura, afirmando que a Igreja deve acolher os *gays*. Em pouco mais de 20 anos, a Irlanda deixou de ser um dos países mais retrógrados da Europa nesse assunto, convertendo-se em líder pelo reconhecimento do casamento homoafetivo – sabendo-se que em dezenas de países a homossexualidade continua sendo crime, pecado e doença. ◄

A ONU e suas agendas

Sede da Organização das Nações Unidas (ONU), em Nova York.

Angelina Jolie e as Nações Unidas

Ela não é princesa, mas tem majestade; não é diplomata, mas tem credenciais de embaixadora pela ONU. Angelina Jolie, atriz de sucesso em Hollywood, abraçou uma das causas mais importantes da atualidade: a proteção dos refugiados.

Jolie visita campos de refugiados próximos a territórios em conflito. A presença de uma estrela dessa intensidade em zona de refugiados é como um bálsamo na vida dessas pessoas; mesmo fugazes, tais visitas atraem a imprensa mundial feito ímã e ajudam a mobilizar forças e atitudes em prol da causa da paz, da ação humanitária e dos Direitos Humanos.

No dia 20 de junho, a ONU e sua agência para refugiados – o Alto Comissariado nas Nações Unidas para Refugiados (Acnur) – celebram o dia mundial do refugiado. Embora celebrar não seja a palavra mais adequada, tendo em vista a tragédia das pessoas em situação de refúgio, o fato é que o Acnur pode, sim, comemorar a existência de um sólido Direito Internacional dos Refugiados e de ativas redes de solidariedade e de proteção da sociedade civil que, há décadas, contribuem para diminuir o sofrimento de quem teve de deixar seu país, fugindo de guerras e perseguições.

Porém, a situação está longe de ser tranquila. Ao contrário, o Acnur traça um panorama de imensas dificuldades para a proteção de migrantes forçados no mundo. Em 2015, o Relatório Tendências Globais apontou cerca de 50 milhões, entre refugiados, deslocados internos (dentro de um mesmo país) e apátridas (pessoas sem nacionalidade), número de pessoas que pela primeira vez ultrapassou o cenário da Segunda Guerra Mundial. Com a crise econômica dos países ricos, do Norte, e o cerco das fronteiras europeias para estrangeiros, o desafio do Acnur é sensibilizar os governos a garantir a entrada de refugiados, uma forma essencial de ação humanitária.

Sírios fogem para o Líbano e para a Turquia; congoleses correm para Estados vizinhos; colombianos se abrigam no Equador e na Venezuela. Países com conflitos armados geram ondas de deslocamentos forçados. Regimes em que há perseguição política, étnica, religiosa ou por motivos de nacionalidade ou grupo social expulsam pessoas por todo o planeta. Vítimas de preconceito e xenofobia, refugiados lutam para sobreviver.

Sem alternativa, saíram de seu país, deixando para trás suas casas, seus pertences, sua história e, muitas vezes, familiares e amigos. Sua força, sua coragem e esperança são admiráveis. Merecem o apoio de Angelina Jolie e de cada um de nós. ◄

O ditador virá para o jantar

O brasileiro Sérgio Vieira de Mello – alto comissário de Direitos Humanos da ONU – era criticado por alguns colegas dessa organização por negociar com ditadores e guerrilheiros sanguinários. Sérgio dizia que eles eram parte do problema e por isso era necessário envolvê-los no processo de paz, se a ideia era obter uma paz duradoura. Os anais da ONU registram inúmeros processos de mediação para facilitar a transição de regimes brutais para outros mais brandos. Quando o ditador não era morto, a solução era encontrar um lugar seguro para um confinamento perpétuo, espécie de país-prisão domiciliar.

Essa alternativa, que até pouco tempo era uma carta na manga de experientes mediadores, está cada vez mais difícil de ser aplicada. O Tribunal Penal Internacional (TPI), com sede em Haia, nos Países Baixos, tem competência para investigar supostos criminosos de guerra, ou acusados de genocídio e crimes contra a humanidade. Uma ordem de prisão expedida pelo TPI deve ser cumprida por seus mais de 100 Estados-membros. A ideia de responsabilização dos criminosos internacionais ganha terreno na comunidade internacional. É um valor humano que se impõe contra a impunidade.

Essa tendência, que promete gerar uma pedagogia de respeito aos Direitos Humanos para todos os governos, coloca um desafio para a resolução de conflitos no mundo. Mesmo aqueles países que não ratificaram o estatuto do TPI não querem receber ditadores asilados, pois isso mancha sua imagem internacional. O que fazer com um facínora que aceita deixar o poder em troca de um santuário para si e sua família?

Trata-se de um problema real, que vem gerando debates entre acadêmicos, juristas e diplomatas. Se o combate à impunidade é um valor a ser preservado, o mesmo se pode dizer do término de conflitos que põem fim à vida de milhares de inocentes. O caso da Síria coloca esse desafio: se o presidente Bashar al-Assad concordasse em deixar o poder e sair de Damasco para viver em lugar seguro, o que a ONU poderia fazer?

Ainda pode haver um ou outro país que aceite receber um ditador para o jantar, mas dificilmente para o resto de seus dias. ◂

Sérgio Vieira, salvador do mundo

De um café na praia de Copacabana, pode-se ver o mar que um dos mais destacados funcionários da ONU gostava de admirar, quando sua agenda assim permitia. Um dia, esse alto comissário da ONU partiu sem volta, vitimado por um atentado terrorista em Bagdá,

A ONU e suas agendas

Sérgio Vieira de Mello, brasileiro e funcionário das Nações Unidas, atuou como Alto Comissário de Direitos Humanos da ONU, sendo vitimado no atentado terrorista em Bagdá, em agosto de 2003.

capital do Iraque. Sua mística de pacificador e construtor da paz correu o mundo, mas demorou a chegar no Brasil, justamente seu país. O legado de Sérgio Vieira de Mello, um brasileiro universal, começa a ser conhecido e reconhecido como um patrimônio a ser apropriado pelos brasileiros.

O dia 19 de agosto, data fatídica daquele atentado, ocorrido em 2003, foi declarado o Dia Mundial da Ação Humanitária, em homenagem a Sérgio Vieira e a outros 21 funcionários da ONU, que morreram em plena missão humanitária.

Esses homens e mulheres enfrentam situações adversas, vivem privações e conhecem mazelas individuais e coletivas que muitos não imaginam poder existir. Curtem suas peles em sóis abrasadores, em locais sem água potável, onde a dignidade é desconhecida e onde a esperança, para muitos, se esvaneceu na névoa da incerteza. Mas esses funcionários, bravos e determinados, desmentem os que pensam que a ONU para nada serve, ou pior, que serve apenas para alguns.

Esses agentes do *front* humanitário tiveram em Vieira de Mello o seu maior paradigma, que elevou essa atividade da ONU a um patamar quase olímpico. Sobretudo os que trabalham com o Alto Comissariado das Nações Unidas para Refugiados (Acnur) têm em Sérgio seu exemplo de coragem, dedicação e, por que não dizer, de renúncia pessoal.

O título do livro de Samantha Power – embaixadora dos EUA na ONU – se refere a Sérgio Vieira de Mello como "o homem que queria salvar o mundo". Talvez possa ser exagero, mas reflete algo incontestável: Sérgio protagonizou algumas das principais e inovadoras ações da ONU em cenários de construção da paz e transformação pós-conflitos.

No Dia Mundial da Ação Humanitária, quando milhões de pessoas estão longe de seus lares e de seus países, na condição de migrantes forçados pela violência, refugiados e asilados, Vieira de Mello é uma figura inspiradora para os que trabalham para minimizar esse sofrimento humano. Para ele, não tinha tempo ruim. E o horizonte da vida – mais além dos obstáculos – parecia ser como o do mar azul de Copacabana, numa tarde de sol. ◄

"Primus inter pares" em Genebra

A vitória do Brasil para a direção-geral da Organização Mundial do Comércio (OMC), em 2013, não foi apenas a conquista de mais um posto burocrático internacional. A eleição do embaixador Roberto Azevedo confirmou e ampliou o poder emergente do Brics (Brasil, Rússia, Índia, China e África do Sul). O posto da OMC tem mandato de cinco anos, com possibilidade de uma recondução por mais um período, o que, na prática, acaba ocorrendo.

Os países ricos, membros da OCDE (Organização para a Cooperação e Desenvolvimento Econômico), incluindo os EUA, o Japão e parte da União Europeia, muito fizeram para obter esse posto. Seu candidato era um ex-ministro mexicano, um dos negociadores do Acordo de Livre Comércio da América do Norte, o Nafta. Embora tido como emergente, e assim se apresente, o México representou os interesses econômicos do Norte desenvolvido.

O Brasil, ao contrário, foi o candidato dos países em desenvolvimento, e sua bem-sucedida campanha foi coroada com a maioria dos votos da África, da América Latina e da Ásia. O perfil de Roberto Azevedo, profundo conhecedor da OMC e hábil diplomata, contribuiu para atrair mais votos na reta final. Embora não se saiba ao certo quantos votos o Brasil recebeu, porque a votação não é aberta, estima-se que tenha ganho de 20 a 30 votos a mais. Ou seja, o recado dos países-membros foi claro: chegava o momento de um país do verdadeiro Sul dirigir um dos pilares do sistema econômico internacional, ao lado do FMI (Fundo Monetário Internacional) e do Banco Mundial.

A mídia internacional – sobretudo a americana e a britânica, as mais influentes no mundo globalizado – minimizou a vitória brasileira, ou criticou o envolvimento direto do governo brasileiro na campanha.

Azevedo viajou em jato da FAB (Força Aérea Brasileira) para mais de 80 países em poucas semanas. Seria ingenuidade acreditar que a OMC é uma organização de pouca relevância, como alguns afirmaram, para diminuir a vitória brasileira no pleito.

O que está em jogo nesse novo cenário é o comando de um organismo que formule e aplique a governança do comércio internacional, uma área vital para a economia de todos os países. *Primus inter pares* emergentes, em Genebra, o Brasil contribui para mudar a cara do poder mundial. ◄

Você é sustentável?

O que é sustentar? É manter, suportar, apoiar, proteger, amparar etc. Esses são alguns dos significados da palavra encontrados nos dicionários.

Há cerca de 25 anos, o verbo ganhou nova acepção internacional no campo do desenvolvimento e do meio ambiente. E derivou para o substantivo "sustentabilidade" e para o adjetivo "sustentável", palavras-chave no mundo de hoje, que constituem o mais importante e abrangente desafio do planeta.

A nova definição nasceu com a Comissão Brundtland, em 1987, no Relatório da ONU sobre Meio Ambiente e Desenvolvimento. Ali, foi sacramentado um novo paradigma planetário, até então conhecido apenas por um seleto grupo de acadêmicos, cientistas e militantes que estudavam o crescimento econômico e as ciências da terra.

O conceito de desenvolvimento sustentável trouxe para o debate científico-acadêmico-econômico-político-cultural a ideia transgeracional, ou seja, além de profundamente ecológico e ético, é preciso assegurar que o usufruto dos recursos existentes seja garantido para os que estão no presente, sem comprometer esse mesmo uso para as gerações futuras.

Mas a questão da sustentabilidade foi pensada num contexto de uso irresponsável de preciosos recursos finitos, com um horizonte de tragédia dos bens comuns. Água doce, florestas, ar, oceanos, seres vivos, energia são recursos naturais que não se renovam ao tempo em que são vorazmente consumidos. E o aquecimento global, gerado pela combustão desenfreada de combustíveis fósseis, já desencadeou um processo de alteração climática, que a comunidade científica afirma estar muito próxima de ser irreversível, e que gerará anunciadas catástrofes: degelo, inundações, secas, migrações, entre outras consequências.

O problema é que o crescimento econômico, na lógica capitalista, desconsidera as novas gerações. O lucro sabe o que é lupa, mas desconhece luneta e telescópio. Por isso, a sustentabilidade se impõe nos foros internacionais, nas políticas públicas dos governos, nas empresas, ONGs, universidades e para cada pessoa, como uma (re)educação de valores e de práticas, que afetam o consumo de energia, a destinação de resíduos sólidos, o uso da água, a mobilidade urbana e uma gama enorme de questões do nosso dia a dia.

Nas relações internacionais, o princípio das responsabilidades comuns, porém diferenciadas, diz que o ônus maior é dos países que poluíram mais, o que não exime os menos desenvolvidos de contribuir com o colossal desafio. Isso começa por decifrar, nos detalhes, o enigma da sustentabilidade, que tem gerado novos indicadores para medir e avaliar a qualidade de vida de países, cidades, empresas e até de indivíduos.

Você é sustentável? Eis a essencial pergunta, quase pueril, e de difícil resposta. ◄

Um Nobel contra as armas químicas

O Prêmio Nobel da Paz, concedido à Organização para a Proibição das Armas Químicas (Opaq), em 2013, é um reconhecimento tardio, porém, muito oportuno, à organização que vem trabalhando de forma silenciosa para eliminar as armas químicas do planeta. Não há dúvida de que a ocasião facilitou o prêmio: o acordo entre Washington, Moscou e Damasco para a destruição das armas químicas da Síria, a ser executado pela Opaq.

Aos que não se recordam, a mesma Opaq foi hostilizada e humilhada pelo governo de George W. Bush, por ter conseguido, com sucesso, obter compromisso de inspeção no Iraque, de Saddam Hussein, em 2002, com a suspeita de que lá eram armazenadas armas químicas. Na época, os EUA viram na Opaq um obstáculo ao seu objetivo de invadir Bagdá e varrer Saddam do poder.

José Maurício Bustani, embaixador brasileiro e diretor-geral da Opaq na época, não se intimidou com as ameaças americanas e por isso foi destituído, numa operação sem precedentes capitaneada pelos EUA, sob falsas alegações de má gestão, episódio que manchou de vergonha todos os países que votaram pela sua saída e que marcou a fase unilateralista americana, em nome do antiterrorismo.

Bustani logrou reverter todas as falsas acusações à sua gestão, vencendo processos em tribunais internacionais da ONU e obtendo, inclusive, indenização por danos morais, que, em nobre iniciativa, doou para o próprio Sistema das Nações Unidas.

A Opaq foi redimida ao receber o Prêmio Nobel de 2013. Pelo que representa agora e pelo que sofreu no passado, a Opaq mereceu o seu momento de fênix, renascendo das cinzas. ◄

Ciência, tecnologia & política

As lendárias personagens Chewbacca, Luke Skywalker, Obi-Wan Kenobi e Hans Solo na cabine da nave Millennium Falcon (Filme: *Star Wars/Guerra nas Estrelas*, 1977).

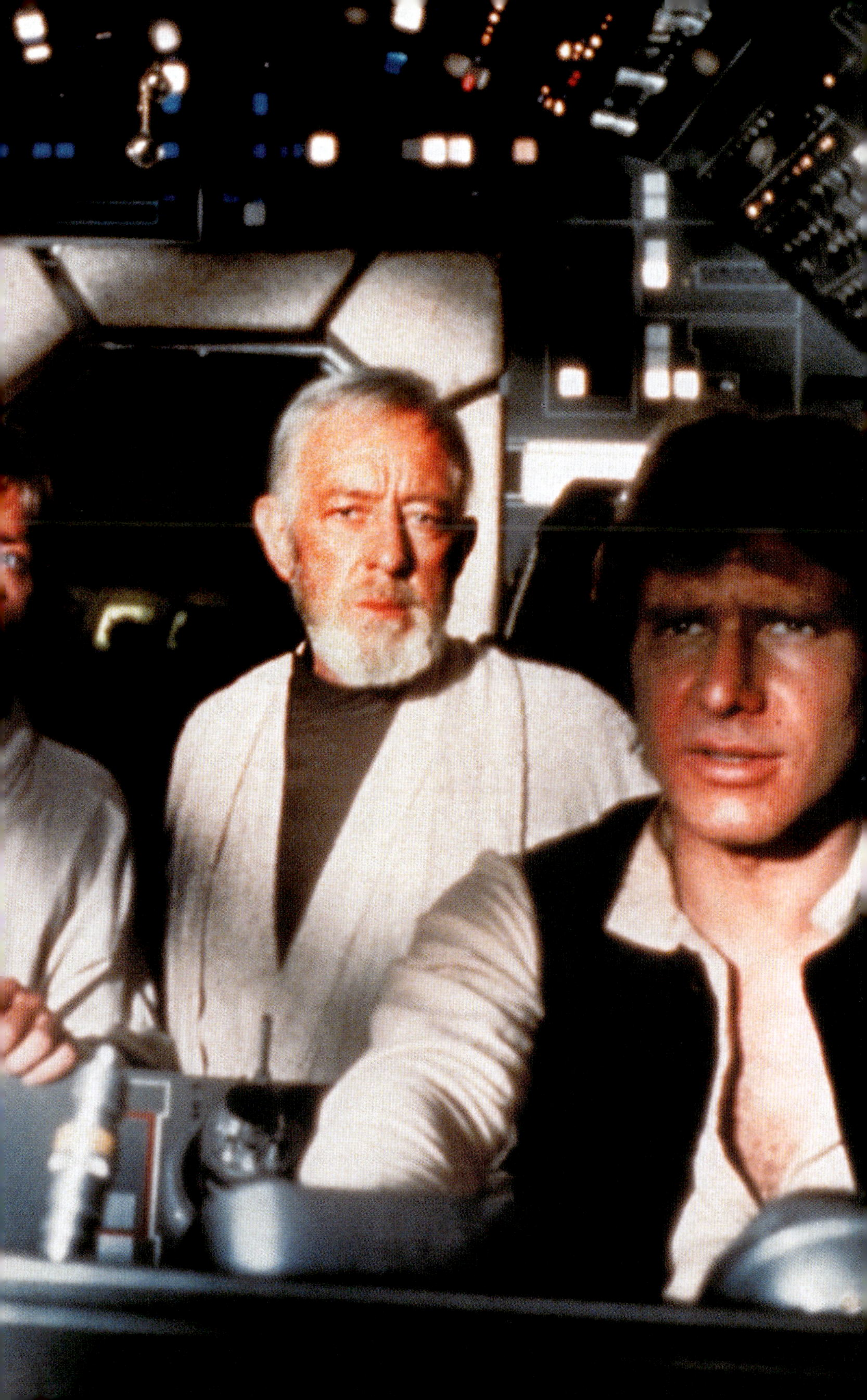

Vida e morte no espaço

A Nasa anunciou que um satélite de seis toneladas estava prestes a cair na Terra. Depois de 20 anos de trabalho ininterrupto, a aposentadoria chegou para a heroica máquina de pesquisa. Mas no espaço orbital não há família nem estado social ou previdência para cuidar dos satélites aposentados. Seu destino é perambular, perambular, perambular até voltar à Terra, em trajetória vertical descendente, flamejante.

Para tranquilizar os terráqueos, a Nasa explicou que, ao ingressar na atmosfera, o satélite se decompõe com o choque, sobrando um núcleo e algumas peças fragmentadas. A Nasa não tem como impedir que essas peças caiam sobre nossas cabeças, mas espera que isso não aconteça, e, se ocorrer, aguarda uma notificação imediata.

Nos anos de 1960, a corrida espacial iniciada pelo Sputinik soviético gerou, nos EUA, a febre pela conquista da Lua, que se concretizou com a nave Apollo 11, em 1969. Os expectadores se maravilhavam com os primeiros homens pisando na areia lunar, os americanos Neil Armstrong e Buzz Aldrin. Os escritores de ficção científica se animaram a inventar histórias, retomando a trajetória de Júlio Verne, famoso escritor francês do final do século 19, autor de *Viagem ao centro da Terra*, *Vinte mil léguas submarinas* e *A volta ao mundo em oitenta dias*, entre outras obras. Os roteiristas de cinema se animaram também. Uma série de filmes ganhou as telas – na TV, *Perdidos no espaço* e *Jornada nas estrelas*; no cinema, *2001 – Uma odisseia no espaço*, *Guerra nas estrelas* e *Contatos imediatos de terceiro grau*; e desenhos animados, como os *Jacksons* e, recentemente, *Wall-E*, que povoaram o imaginário de milhões de pessoas, e hoje são *cult*.

Depois de todo o glamour da conquista do espaço e da sofisticada ficção que nos fez sonhar com viagens pelas estrelas, ficamos à mercê de receber um pedaço de satélite na cabeça. Não haverá algo de errado nessa história real de ocupação do espaço sideral? Se pudéssemos passear em volta do planeta Terra e reproduzir o espanto do cosmonauta russo, Yuri Gagarin, diríamos, como ele, "a Terra é azul", mas com intenso tráfego e cheia de lixo em sua volta. Estima-se que existam hoje 750 satélites, desde satélites de pesquisa até de telefonia celular, circundando o nosso planeta. Não há autoridade para controlar esse fluxo; não há gruas para recolher os desativados nem pátio ou cemitério para eles. Após sua morte, esperam o momento de cair.

O Direito Internacional Espacial deve alcançar esse território ainda desprovido de normas comuns para prevenir o aumento da degradação ambiental do espaço, que está cada vez mais ocupado por empresas e particulares. Cada um deverá cuidar de seu satélite e dar a ele, quando chegar a hora, uma sepultura digna. ◄

Neil Armstrong

Grandes viagens são marcas perenes na vida humana. Desde tempos imemoriais, muitos séculos antes de Cristo, sabemos da epopeia de Gilgamesh, rei lendário mesopotâmico; da Antiguidade, conhecemos a Ilíada e a Odisseia, de Homero; da Idade Média, temos notícia do imenso percurso de Marco Polo; os descobrimentos de Vasco da Gama e de Cristóvão Colombo reviraram o mundo. Essas viagens marcaram não apenas gerações, mas a história da humanidade. Assim foi, também, a chegada do homem à Lua.

Não faz tanto tempo (1969), pouco mais de 40 anos, o americano Neil Armstrong pousava a Apollo 11 no nosso conhecido satélite, a Lua, um símbolo de conquista, de domínio, de superioridade tecnológica que marcou o projeto espacial da Nasa.

Havia uma corrida militar e armamentista entre os EUA e a, então, URSS. O espaço era uma fronteira e uma vitrine de grande impacto na competição entre o capitalismo e o comunismo. Os soviéticos estavam na frente: haviam despachado uma cadela (Laika) para o espaço; Yuri Gagarin se eternizara com a frase "A Terra é azul", primeiro homem a circundar o nosso planeta numa nave. Mas os americanos investiram pesado na tecnologia espacial para não ficar atrás.

Armstrong, o escolhido, materializou com a sua bota o que quase toda criança e todo adulto, em todas as eras, sonhavam algum dia fazer. Essa pegada foi o trunfo de um país e de uma ideologia. A mensagem foi clara: o capitalismo permitiu esse memorável feito.

Crianças e adultos choraram de emoção e comoção pelo mundo ao assistirem na TV e ouvirem pelo rádio a narrativa do pouso, como uma apoteose súbita, após um roteiro de incertezas, em que não se sabia ao certo se os astronautas estariam vivos. Assim são as grandes epopeias.

Ao falecer com 82 anos, Neil Armstrong superou outra fronteira, uma quase sina ou maldição: a de que, devido a exposição à radiação e à falta da gravidade, os astronautas não viveriam muito. Rompendo esse tabu, ele viu, venceu e viveu.

Hoje, a fronteira espacial é Marte. Porém, não há mais competição como antes, e os robôs substituem o homem, com seus pés de metal. Outro Armstrong, o Louis, cantor e trompetista americano, bem resumiria a homenagem a Neil: "What a wonderful world!" (Que mundo maravilhoso!). ◄

Curiosidade espacial

Lunetas e telescópios fazem a alegria das crianças que revelam, desde cedo, curiosidade sobre o mundo extraterrestre. Que delícia olhar as estrelas e os planetas numa sessão vespertina de um planetário! Recordamos ali que, antigamente, com o céu noturno limpo de poluição e poucas luzes, era possível ver o firmamento a olho nu. No interior, na roça, ainda se pode ter esse prazer.

Em 2012, um jipe-robô, com espírito de criança, chegou pela primeira vez em Marte. Isso mesmo: Marte dos marcianos, aqueles homenzinhos verdes que povoaram as histórias de ficção científica. Todavia, por enquanto, o robô não encontrou nenhuma forma de vida no planeta de cor vermelha. Mas essa é a sua missão.

Lançado pela Nasa, Curiosity é o mais importante ser de vida artificial fora da Terra. Curioso,

Curiosity, um "*rover*" espacial, trabalha no solo de Marte, desde 2012.

ele fotografa, cata pedras, cava a terra, coleta poeira... E se autorretrata, para que ninguém tenha dúvidas de que ele está lá de verdade.

Essa estação marciana, autossuficiente, antecipa um mundo futuro, em que o espaço poderá ser explorado e habitado. Uma fronteira sem limites. Porém, o programa EuroMars, que alia os EUA à Europa para explorar Marte e seus confins, não tem recursos garantidos para seguir, na Terra e fora dela. A crise econômica atual ameaça os projetos da Nasa, que deverá ceder espaço para projetos da iniciativa privada.

Como serão as relações internacionais nesse cenário futuro? O que menos se espera e o que menos se quer é um espaço militarizado; também não se deseja um espaço degradado com sucata e lixo cósmico. Para tanto, já existem acordos internacionais a fim de manter o espaço pacífico e limpo. Quem fiscaliza? Não há ONGs no espaço, e a ONU não tem uma estação própria. Talvez, por isso, o meio ambiente espacial, no entorno terráqueo, esteja abarrotado de restos de satélites e de peças descartadas. E também vai correndo o risco de se tornar mais uma arena de competição bélica.

Enquanto isso, a curiosidade, o fator mais importante da geração de conhecimento e da aprendizagem, continuará a sua saga: encontrar vida fora da Terra. ◄

Uma guerra pela livre informação

Glenn Greenwald era correspondente do jornal *The Guardian* no Brasil. Em 2013, ele tornou-se protagonista de uma trama envolvendo os governos dos EUA, do Reino Unido e do Brasil. O motivo: a defesa da livre informação diante do sigilo imposto por leis de segurança estatais.

Cidadão norte-americano, Glenn está no meio de uma das maiores disputas internacionais da atualidade, envolvendo um ex-colaborador da CIA, Edward Snowden, hoje asilado político na Rússia. Foi por meio de uma histórica entrevista concedida por Snowden a Glenn que o jornal britânico *The Guardian*, um dos mais influentes do mundo, publicou a bombástica matéria sobre o programa de espionagem americano na internet, nas redes sociais e nos sistemas de telefonia.

O governo britânico, agindo em parceria com os EUA, enquadrou o caso Snowden nas leis de segurança do Estado, o que inclui as leis antiterroristas. Daí ter pressionado o *The Guardian* a eliminar o material que obteve com Snowden, alegando que tal material colocaria em risco a

Ciência, tecnologia & política

segurança do Estado e de outras pessoas. O jornal "destruiu" o material, mas mantém o mesmo armazenado fora do Reino Unido.

O Brasil se viu envolvido diretamente na trama, quando o companheiro de Glenn, o brasileiro David Miranda, foi detido em Londres por quase nove horas (a lei britânica estipula o máximo de nove horas para detenções sem mandado judicial) no aeroporto de Heathrow. Miranda denunciou ter sofrido fortes pressões psicológicas, numa espécie de acosso antiterrorista feito pela Scotland Yard. Seu *laptop* e outros pertences foram confiscados pelas autoridades britânicas.

O governo brasileiro assumiu a proteção diplomática de Miranda e não apenas condenou sua detenção, como pediu explicações à chancelaria britânica. O embate pela livre informação não opõe apenas os meios de comunicação e os Estados interessados, mas atinge outros países, quando estrangeiros são tratados como supostos terroristas, como ocorreu com Miranda. Outros países serão afetados. E essa guerra pela livre-informação está apenas começando. ◄

Salvando baleias

Um esqueleto de baleia vem sendo, há décadas, a principal atração do Museu de Pesca de Santos. Gerações de crianças viram e revisitaram essa peça – eu mesmo fui uma dessas crianças –, cuja imponência alimenta a curiosidade sobre a vida marinha e a imaginação acerca das profundezas dos oceanos.

Há menos tempo, um esqueleto de baleia foi instalado em plena calçada da praia do centro de Ubatuba – suas luzes noturnas dão um toque pós-moderno a essa instalação, que evoca passado e presente.

Longe da visão das crianças e ao largo da ternura e do carinho que milhões expressam pelo maior mamífero vivo, caçadores de baleias continuam matando esses animais, por razões puramente comerciais, colocando em risco sua sobrevivência no planeta.

Essa questão – um intricado jogo das relações internacionais – foi tratada por Raquel Soldera Rivera, militante ambientalista e pesquisadora, numa dissertação de mestrado em Ciências Humanas e Sociais, defendida com brilho na Universidade Federal do ABC, em São Paulo, em 2014. Raquel analisou a Comissão Internacional das Baleias e a proposta de criar um Santuário de Baleias no Atlântico Sul.

Em 1946, foi criada uma comissão para regular a caça às baleias. Em 1986, foi aprovada uma moratória internacional da caça à baleia, definindo que a caça poderia ser apenas aborígene (visando à sobrevivência das populações tradicionais) ou científica (para pesquisa). Na prática, alguns países usam as exceções para a caçada comercial. Dois deles surpreendem, pois são campeões ambientais em outras áreas: o Japão e a Noruega.

O Brasil tornou-se referência mundial na proteção às baleias, ao criar um Santuário de Baleias em suas águas marítimas e oceânicas. Entretanto, a proteção a esses mamíferos só se garante com a abrangência internacional, tendo em vista sua mobilidade. Daí a proposta brasileira de um Santuário de Baleias no Atlântico Sul.

Com ações difíceis de sustentar à luz da governança ambiental global, o Japão vem sistematicamente bloqueando as tentativas de restringir a caça às baleias, contribuindo para dizimar as que ainda restam nos oceanos. Para as populações tradicionais, há produtos que substituem a carne e os derivados da baleia; para a ciência, é mais importante observar as baleias vivas, sua comunicação, seus hábitos, do que matá-las para dissecá-las, prática mais próxima do século 19. Mantida a tendência da caça, em futuro breve só restarão os esqueletos nos museus. ◄

Relações (inter)virtuais

Viver o tempo presente oferece a sensação de estar sempre no futuro. Não, essa frase não é uma charada metafísica ou a explicação prosaica de uma fórmula matemática. Os que leem ou veem séries de ficção científica sabem a que me refiro.

Não faz muitos anos, algumas décadas atrás, víamos o capitão Kirk, sentado na sua confortável poltrona da nave espacial Enterprise, abrindo um pequeno aparelho móvel, um telefone sem fio. E, quando tinha que viajar para muito longe, entrava num desmaterializador que o transportava por uma via que, salvo engano, Albert Einstein afirmou que seria possível. Algo que faz lembrar as impressoras em 3D, hoje, que materializam objetos.

Num outro clássico da ficção, em *2001 – Uma odisseia no espaço*, uma das personagens que viaja na nave espacial conversa através de uma TV com a pequena filha, que lhe deseja feliz aniversário, a milhares de quilômetros de distância. Não parece o Skype?

Ou, ainda, em *Guerra nas estrelas*, quando Luke Skywalker desenvolve a "força" com sua espada a laser, usando uma bolinha metálica voadora que dispara tiros, como um drone..., eu disse drone? Aquele mesmo que os EUA estão usando para atingir suspeitos de terrorismo (e inocentes) no Afeganistão? E que uma empresa de entregas expressas está desenvolvendo para levar encomendas?

Isso tudo é estonteante, não para as crianças de hoje, que já nascem dedilhando *tablets*, modo de dizer, mas para quem achava que essas coisas só existiam nas obras de ficção científica, pois eram elas que anunciavam esse futuro, agora presente.

A vida tecnológica nos coloca dilemas impressionantes sobre como nos relacionarmos socialmente, sem sucumbir à tentação do aparelho que toca nossa música predileta, no momento em que estamos à frente da pessoa com a qual saímos por amor, amizade ou trabalho. No momento crucial, o sujeito fica em dúvida: atendo o celular ou apago a velinha?

Para os mais crescidos, mais maduros, essa evolução tecnológica é uma riqueza, um sopro de emoção pela oportunidade de ver o impossível tornar-se cotidiano. E aí um novo prazer surge, inesperado: o de desconectar-se das relações (inter)virtuais para viver o presente em sua versão retrô. ◄

Não há planeta B

Diante da pergunta se haveria uma alternativa para combater o aquecimento global, o então presidente do IPCC (Painel Internacional sobre Mudança Climática), Rajendra Pachauri, respondeu que "não há um plano B porque não existe um planeta B".

Nas ciências, como na política internacional, é preciso dizer o óbvio: não existe outro planeta Terra; este em que vivemos é a nossa morada e temos que cuidar dele. Mas não é isso o que vem ocorrendo. O aquecimento global está pondo em risco crescente, e iminente, a sobrevivência de todos os seres vivos, pelas emissões de CO_2 nas atividades humanas.

O IPCC publicou seu relatório de 2014 valendo-se de uma linguagem menos diplomática, para dizer em alto e bom som que "a mudança climática está a ponto de infligir impacto severo, disseminado e irreversível no planeta". Poderia haver tom mais grave para um relatório científico?

A crise econômica global, desde 2008, tornou-se um empecilho para os países ricos seguirem suas metas de redução de gases poluentes, obrigatória ou voluntária. O Protocolo de Kyoto (Acordo Internacional de 1997 que estabeleceu quantidades e metas para diminuir a emissão de CO_2 no mundo), que deveria ter sido renovado em 2012, foi deixado em banho-maria.

Apesar de ainda haver vozes discrepantes da comunidade científica, e outras mais da classe política, "as evidências sobre a mudança climática são claríssimas", segundo o IPCC. Os que negam esse fenômeno contribuem para arriscar a vida de milhões de pessoas. Os sinais da mudança são visíveis em todos os quadrantes.

A comunidade científica ganhou um novo e poderoso aliado para o combate ao aquecimento global: o papa Francisco lançou a encíclica *Laudato Si* (Louvado Sejas), em 2015. Nela, a Igreja reconhece os achados científicos no campo ambiental relacionados à mudança climática e exorta os fiéis a colaborar com as ações e políticas, visando proteger o mundo desse flagelo.

A vida no planeta está gritando, mas muitos não querem ouvir. As gerações atuais têm a responsabilidade de frear esse processo de destruição bastante crítico. Somente uma vigorosa ação da sociedade civil poderá pressionar os governos a avançarem sem reservas para reverter esse quadro. O dilema é: seremos espectadores ou coautores de nossa própria sorte? ◄

Esporte e relações internacionais

(Imagem abertura de capítulo: 019 F P DO E

Abertura das Olimpíadas de Londres, julho de 2012.

Olimpíadas e poder

A abertura dos Jogos Olímpicos se converteu num espetáculo peculiar. O país-sede reúne fabulosos recursos econômicos e humanos para mostrar ao mundo sua beleza, sua riqueza, sua contribuição à humanidade. Aos milhões de espectadores, quer oferecer sua melhor fotografia, as melhores recordações de sua vida como nação. Assim foi em todos os países-sede, e não foi diferente na abertura dos Jogos Olímpicos de Londres, em 2012.

O que se viu em Londres foi um retrospecto da trajetória britânica na civilização planetária: a Revolução Industrial, a produção literária, musical, científica, e a Revolução Digital. Não houve nada de espetacular, nada de tirar o fôlego, nada de arrancar suspiros, como a abertura dos jogos de Beijing, na China, quatro anos antes. A rainha Elizabeth II, escoltada por James Bond, o 007, simbolizou um império que tem a força. O poder da força inteligente.

Mas esse cartão-postal completo e intertemporal não mostrou as batalhas que Londres venceu, não mostrou um Reino Unido poderoso por sua força bélica. Aí reside o mote da apresentação: o verdadeiro poder, perene, transgeracional, não é imposto ou garantido pelas armas, mas pela cultura e pela educação, que seduzem. A literatura: pode haver instrumento mais poderoso de conquista de nações? A língua inglesa: pode haver meio mais poderoso de comunicação planetária? A música: pode haver jeito mais eficaz de galvanizar gerações?

É interessante notar o seguinte: todos esses valores culturais exaltados representam produtos, bens de consumo. Uma música dos Beatles, um filme com James Bond, um livro com Harry Potter.

Se pensarmos bem, a abertura dos Jogos Olímpicos também pode ser vista como a maior feira de produtos culturais do universo. Como fator político, as Olimpíadas perderam sua força original e competitiva. Em Olímpia, na antiga Grécia, os jogos suspendiam guerras: era um período sagrado de congraçamento. No período da Guerra Fria, os jogos eram o momento de embate entre as grandes potências, entre os blocos capitalista e comunista; ou de fazer boicotes, uma forma de esvaziar a festa dos anfitriões.

Embora não tenham perdido seu espírito esportivo e de confraternização, as Olimpíadas, hoje, significam riqueza econômica; a chance de "vender" o país-sede; a oportunidade de deixar legados urbanos e sociais; e o desafio de reinventar o poder. ◄

Ouro para o véu

De todos os episódios singulares dos Jogos Olímpicos de Londres, o embate pelo véu da judoca saudita foi um divisor de águas, dentro e fora do tatame.

Shaherkani, uma adolescente de apenas 16 anos, a primeira mulher a representar a Arábia Saudita numa Olimpíada, desafiou o Comitê Olímpico Internacional ao apresentar-se para lutar usando a *hijab*, tradicional véu islâmico que cobre a cabeça.

Nem o Comitê Olímpico nem a organização dos jogos de Londres gostaram da ideia. Mas o pai da moça ameaçou: ou ela luta com o véu ou não haverá luta. Após um miniconclave para decidir sobre o destino do véu, da lutadora e da própria luta, os organizadores olímpicos cederam, permitindo que Shaherkani entrasse de quimono, véu e a reputação preservada.

A moça não resistiu nem a um minuto de luta. Foi desclassificada. Mas o véu preto brilhou na quadra. Por que as autoridades olímpicas abriram uma exceção, criando um precedente para os próximos jogos?

A explicação transformou-se numa tese: para permitir que países islâmicos incentivem e apoiem a participação das mulheres em todas as atividades humanas, incluindo as Olimpíadas, trocou-se a laicidade do esporte pela ação afirmativa de gênero, quer dizer, permitiu-se o uso de práticas religiosas para facilitar a participação feminina nos jogos.

Mas será que as Olimpíadas são mesmo laicas? Quantos esportistas não fizeram o sinal da cruz antes de entrar na quadra? Quantos não seguraram, com as mãos suadas, seu terço (rosário) pouco antes de entrar na arena? Quantos não balançaram seu amuleto no pescoço ao correr nas pistas? E as tatuagens místicas estampadas nos corpos expostos?

Para ser laico totalmente, os jogos teriam que confiscar todos os símbolos religiosos e proibir quaisquer gestos que representassem Igrejas e religiões. Vê-se que a coisa não é tão simples como parece.

Quando chegou a Londres, Shaherkani já trazia no peito uma medalha simbólica por ter desafiado o islamismo saudita. Mas não se esperava que essa atleta levasse a medalha de ouro. Sua medalha foi outra: a da afirmação, pelo uso do véu. ◄

Paralimpíadas

Os maiores esportistas da Antiguidade eram vistos como semideuses, pela perfeição do corpo, pelo vigor físico, pela beleza dos movimentos. As Olimpíadas eram o momento áureo da

Esporte e relações internacionais

competição entre os mais bem aquinhoados pela natureza, assim se pensava.

Dois milênios e meio depois, as Paralimpíadas são um espetáculo de mudança na compreensão sobre o que é perfeição, vigor e beleza. A esses atributos soma-se um quarto, que parece sobrepujar os demais: a superação dos limites.

Em Londres, 2012, delegações de 166 países disputaram os Jogos Paralímpicos, num evento que desperta cada vez mais interesse e emoção no mundo. Pessoas com deficiência – assim se diz corretamente (e não portadores de deficiência ou deficientes físicos), valorizando-se a pessoa – são atletas que superam marcas mundiais, que sobem nos pódios mais altos, mas que, acima de tudo, elevam-se ao patamar da dignidade humana.

Representando cerca de 10% da população mundial – das mais diversas origens, acidentados no trânsito, vítimas de doenças, mutilados de guerra, vítimas de violência urbana –, as pessoas com deficiência fazem da luta pela sobrevivência a conquista pela marca, pela medalha.

O prêmio maior, entretanto, acalentado por todas as pessoas com deficiência, chama-se cidadania. Seu principal instrumento: acessibilidade. Esse "abra-te sésamo" contemporâneo se traduz em uma rampa, hábil a ser subida sem dificuldade; em um elevador existente e funcionando; códigos nas paredes e no chão, a indicar para onde seguir; instruções pelo som; legendas na tela; linguagem em Braille, em Libras; computadores e programas que substituem movimentos... A revolução tecnológica desponta como grande aliada, mesmo que a sociedade ainda não esteja suficientemente preparada para aceitar e reconhecer o desafio da diversidade humana.

Em 2006, aprovou-se a Convenção da ONU sobre os Direitos das Pessoas com Deficiência, ratificada pelo Brasil em 2007. A Constituição e as leis federais, estaduais e municipais, no nosso país, incluem a pessoa com deficiência. Mas faltam, e muito, as políticas públicas que livram dos limites e igualam em direitos.

Paralimpíadas, que perfeita e bela lição! ◄

Morte em Oruro

A morte de um adolescente boliviano no Estádio de Oruro, na Bolívia, gerou uma das maiores polêmicas do futebol sul-americano dos últimos tempos. Em pleno jogo Corinthians vs. San José, pela Copa Libertadores da América, em 2013, o disparo de um morteiro da torcida corintiana em direção à torcida local feriu de morte o menino Kevin Beltrán. Cabe, com a licença dos colegas colunistas de esporte, uma análise internacional sobre esse terrível fato.

Não faz muito tempo, era comum ouvir de diplomatas brasileiros que um jogo de futebol entre Argentina e Brasil tinha o poder de colocar por terra "meses, às vezes anos, de diplomacia". Descontado o exagero, o futebol é um dos fatores de maior competição, mas também de feroz enfrentamento, alta malandragem, sofisticadas ou grosseiras fraudes e até corrupção internacional, como se sabe hoje pelo noticiário mais recente envolvendo a Fifa.

Para evitar mal-entendidos, multas, prisões e até deportações, os torcedores deveriam ser esclarecidos quanto ao tamanho da encrenca em que podem se meter quando usam de violência fora de casa. Caberia aos dirigentes dos clubes e das torcidas organizadas contribuir para educar seus torcedores a ter comportamento civilizado fora do país. Já se sabe o que muitos dirão: "não tem jeito, independente do time, torcedores arrumam confusão aqui como lá fora".

Então, é melhor lembrar o que aconteceu com os Hooligans, na Inglaterra: sua violência causou o banimento dos times ingleses em campeonatos europeus. Uma sanção radical, que faz lembrar aquela aplicada, em menor grau, pela Conmebol à torcida do Corinthians, após o episódio de Oruro.

O governo brasileiro não pode, nem deve, interceder para aliviar a situação de quaisquer torcedores detidos: no máximo, o consulado acompanha, apoia, informa. Além disso, foi-se o tempo de governos sul-americanos subservientes em tais casos. Com o nacionalismo nas ruas, o estrangeiro que ferir os brios do país não terá sossego, seja brasileiro ou americano.

Oruro tem um dos carnavais mais alegres do continente, conhecido por seu desfile de máscaras. É pena que a máscara da tristeza e do sofrimento tenha prevalecido na festa da Libertadores, em 2013. ◄

Hamlet, Diego e a Copa

A famosa fala de Hamlet – personagem de William Shakespeare, poeta e dramaturgo inglês – teve um de seus melhores momentos no Brasil, no final de 2013. O jogador Diego Costa ensaiou *To be or not to be, that's the question* (Ser ou não ser, eis a questão) e decidiu que jogaria a Copa do Mundo pela Espanha, e não pelo Brasil. Com dupla nacionalidade, Diego abriu mão da convocação da seleção brasileira, assumindo defender outro país; um caminho sem volta.

O caso ganhou um tom dramático pela reação do técnico na época, Felipão, ao dizer que o jovem "deu as costas para o sonho de milhões de brasileiros", frase que pode ser lida como "esse rapaz traiu o Brasil". Pode-se ir além e até compará-lo aos mitológicos traidores da pátria, que a história ufanista ajudou a demonizar: um Domingos Calabar (Invasão Holandesa em Pernambuco), e um Joaquim Silvério dos Reis (Inconfidência Mineira).

A opção de Diego não só é compreensível, mas totalmente aceitável. O futebol tornou-se profissão e negócio muito rentáveis, uma atividade transnacional que passa ao largo do nacionalismo e da nação. Há quem opte por ganhar menos e manter seus princípios, como "servir à pátria", mas nem o sistema capitalista imperante nem os clubes valorizam essa postura. Há muitos brasileiros talentosos, não apenas no futebol, mas também nas ciências, nos negócios e nas artes, que residem em outros países, para lograr melhores oportunidades. Muitos cresceram e estudaram fora do Brasil e se identificam com a cultura local, daí surgir o dilema "hamletiano".

O fenômeno da "importação" de talentos preocupa a Fifa, pois há seleções sem tradição que estão insufladas de jogadores estrangeiros, naturalizados, que estão subvertendo a clássica noção de time nacional. Ora, é interessante lembrar que não existe mais produto totalmente nacional.

Por um lado, o Nafta, a União Europeia e o Mercosul criaram regras de origem para definir quando um produto é nacional, com base numa porcentagem de fatores de produção e valor agregado do país de origem. No Mercosul essa cota é de 60%. Será que a Fifa terá que criar regras de origem para jogadores naturalizados?

Por outro lado, para a grande maioria dos países, ter seu hino tocado na arena da competição e sua bandeira tremulando no pódio dos campeões significa ganhar uma audiência de milhões de pessoas no mundo inteiro (e bilionários contratos de publicidade). O esporte em geral, e o futebol em particular, constitui atributos de poder brando (*soft power*), que muitas nações desejam ter, mesmo que, para isso, tenham uma seleção nacional com estrangeiros. ◄

A arte de sair de campo

A Espanha uniu futebol e política numa coincidência de eliminações, de retiradas, de saídas. A Seleção de futebol da Espanha, considerada por muitos a favorita para a Copa do Mundo de 2014, foi precocemente derrotada; o rei da Espanha, Juan Carlos, admirado por muitos, abdicou do trono em favor de seu filho, Felipe. Chama a atenção que ambos os acontecimentos tenham se dado no mesmo dia, como que programados.

Não se trata de explicar por quais razões o time espanhol foi eliminado, porque há sempre uma explicação plausível: os outros foram melhores. Tampouco se trata de entender por que o rei Juan Carlos chegou ao ponto de saturação que o fez desistir da coroa; o interessante é pensar sobre como essas personagens deixam o campo.

No caso do futebol, a franqueza do técnico Del Bosque, ante a queda do gigante na primeira etapa, evitou quaisquer rusgas póstumas com o público. Seu reconhecimento de que o time foi mal, de que a equipe se acovardou foi uma declaração que deu dignidade à despedida. Porque para entrar em campo é preciso ter confiança; mas para sair, derrotado, é preciso ter alguma arte.

No caso do rei, não se trata de uma saída precoce, talvez tenha sido até mesmo tardia; porém, ela não era esperada diante da trajetória admirável do monarca na história recente da Espanha e, porque não dizer, da Europa. Seu declínio foi aos poucos levando a monarquia ibérica para a beira de um abismo de difícil retorno. Ao abdicar, o rei deixa a cena principal, sai de campo e sinaliza a renovação do time, para continuar jogando.

O que era para ser celebração, a vitória da seleção espanhola, que se confundiria com a entronização do jovem monarca, tornou-se um dia de luto na Espanha. Sem o time e o rei das glórias passadas, a equipe se despede cabisbaixa e o rei se vai, sem pompa. Nessas lições do futebol e da política, parece haver uma moral na história: é preciso muita arte para sair de campo. ◄